セレブリティ・コミュニケーション戦略

効果とリスクの実証研究

朴 正洙［著］

東京 白桃書房 神田

目 次

セレブリティ・コミュニケーション

1．はじめに

セレブリティ・コミュニケーションとは，世間に名が知られている人物（例えばタレント，スポーツ選手，専門家），キャラクター，動物などを起用した広告等によるコミュニケーションである．そして，マーケティング・コミュニケーションにおけるセレブリティの起用効果に関する議論は，欧米を中心に活発に議論されてきた研究領域であり，今日に至るまで，最も有効なコミュニケーション戦略の１つとして認識されている．

セレブリティ（celebrity）とは，世の中に広く知られている有名人のことであり，本来は大衆から人気のある人物を指す語である．但し本書では，タレント，スポーツ選手，専門家，政治家，コメディアンなど人間のセレブリティだけではなく，広告キャンペーンの主役として登場していることが多いキャラクターや動物なども，セレブリティの一部として扱う．

欧米では，広告キャンペーン上の役割によって，「セレブリティ」だけではなく「推薦者（endorser）」，「プレゼンター（presenter）」，「代弁者（spokesman）」などの語が用いられている．アメリカではプロモーション型[1)]のテレビ・コマーシャル（以下，CM）[2)]が多いため，推薦者としてセレブリティが起用されているケースが多い．一方，日本では推薦者としての役割が少ないことを考慮し，本書では，広告キャンペーン上の役割に関係なくすべてを「セレブリティ」とする．

このようなセレブリティを起用したコミュニケーションに期待される効果は，消費者の注意を引きつけ，商品およびブランドに対する高い認知度とブランド・アイデンティティを確立することである．このようにしてブランド・エクイティを高めた企業は，売上を伸ばし，さらなる利益を生み出すことができる．加えて，インスタグラムやツイッターなどのソーシャル・メディアの普及によって，セレブリティに対する興味・関心がさらに高まっていることから，キャンペーンへのセレブリティ起用による直接効果だけではなく，彼らの製品やブランドの使用をソーシャル上に拡散されることによる二次的効果も注目されている．

既存のセレブリティとは全く異なる，「マイクロ・セレブリティ」（以下，マイクロ・セレブ）の登場も興味深い．マイクロ・セレブは，テレビや新聞などの既存のマス・メディアから生まれたセレブリティとは違って，ソーシャル・メディアから誕生し，ネット・コミュニティを中心に活動を広げることによって，一部の領域では既存のセレブリティに匹敵するほどの人気と影響力を有する．このようにソーシャル上から独自のセレブリティが生まれていることからも，既存のマス・メディアだけではなく，デジタル・メディア環境下のマーケティング・コミュニケーション戦略においても，セレブリティを活用したコミュニケーションの重要性は衰えないと考えられる．

一方，セレブリティの不祥事や重複出演などのリスク要因も，セレブリティ・コミュニケーション戦略の課題として検討せざるをえない．

本書では，マーケティング・コミュニケーション研究の中核的領域である，セレブリティ広告やキャラクターなどに関連した研究成果を体系化し，それを「セレブリティ・コミュニケーション」という新たな研究領域として確立することを目指し，独自の調査結果に基づき，マーケティング・コミュニケーション研究の新たな戦略的方向性を展開する．

2．セレブリティ・コミュニケーションとは何か

セレブリティには，天皇陛下のように生まれたときから有名な人，アップル社のスティーブ・ジョブズのような創業者，人気映画やテレビの俳優などがいる．広告キャンペーンに起用された当時からのセレブリティもいれば，キャンペーン起用によって有名になることもある．例えば，1980年代の牧瀬

里穂（JR 東海「クリスマス・エクスプレス」）や1990年代の広末涼子（NTT ドコモ「広末涼子，ポケベルはじめる」）は，CM 出演によってブレイクした例である．近年はCM だけではなく，インターネットやソーシャル・メディアでの拡散が組み合わさって知名度を上昇させるパターンがある[3)]．

また，アップル社のスティーブ・ジョブズのように，企業の創業者というセレブリティのレベルを超え，死後にはヒーローとして扱われるような場合すら見受けられる．

先に述べたように，セレブリティとは，世の中に知られている，いわば有名人のことである．このように，セレブリティといえば本来は大衆から人気がある「タレント」を連想することが多い．しかし，「タレント」だけではなく，「ミッキーマウス」のようなディズニー・キャラクター，熊本県の公式キャラクターである「くまモン」やソーシャル・メディアで一躍人気キャラクターになった「ふなっしー」のようなご当地キャラクター，さらにはソフトバンクのCM の白戸家シリーズのお父さん役として知られている犬などの動物も，有名タレント以上の人気を誇るようになっている．このようなキャラクターや動物も擬人化されているため，セレブリティの一部としてとらえることにする．

したがって，セレブリティ・コミュニケーション戦略とは，「世間に名が知られている，芸能人・スポーツ選手・専門家などのタレント，キャラクター，動物などのセレブリティを用いたマーケティング・コミュニケーション戦略である」と定義できる．さらに，CM によって有名になろうとする無名タレントを起用したものや，アニメーション方式でナレーションだけにタレントを起用したもの（梶，1975），一般人なども，本書のセレブリティ・コミュニケーションの研究対象として考察する．

国内では一般的に，セレブリティ広告を「タレント広告」と呼ぶことが多い．梶（1975）は，「タレント広告」を広義と狭義に分類している．広義のタレント広告とは，有名人，権威者，人気者などを利用して，さまざまなコミュニケーション目標（例えば知名度，理解度，態度変容などの増大）を達成させんとするコミュニケーションの一形式であるという．一方，狭義の定

図表序－1　市川團十郎による歯磨き粉の宣伝口上

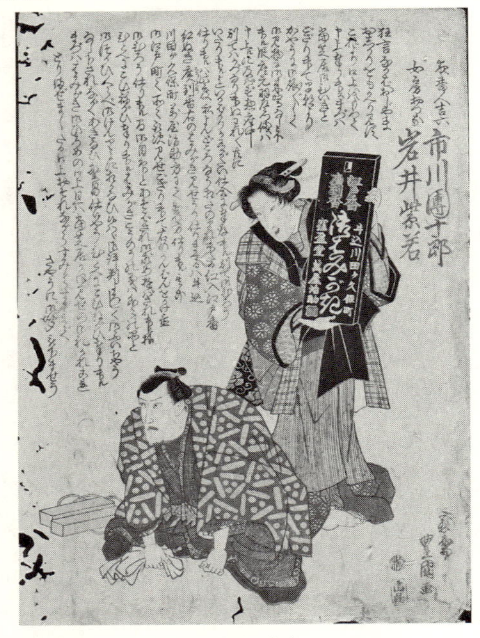

画像提供：アドミュージアム東京

義は，タレントの人気，個性，芸などを商品に投影してブランド・イメージの向上を狙う広告表現の一形式であるという．

我が国のセレブリティ広告の歴史は古く，江戸時代にまで遡ることができる．当時の江戸っ子たちに絶大な人気を誇る歌舞伎役者が舞台の上で行う生コマーシャルは，現在のセレブリティ広告の原型ともいえるだろう（図表序－1）．

今日，「セレブリティ」は，文化，社会だけではなく政治や経済に至るまで，その影響力は極めて大きい．国内における「セレブリティ」の影響力が顕著になってきたのは高度経済成長期からであるという（梶，1975）．彼は，日本の高度成長期以降におけるタレント広告氾濫の要因を，送り手側と受け手側によるものに分類した．送り手側の要因としては，①製品競争の飽和・均衡，②価格競争の影響力低下，③広告競争の飽和という３つをあげて

図表序－2　世界で最も収入が多い「セレブリティ」ランキング（2017年）

順位	氏名	収入	カテゴリー
1	Sean Combs	$130,000,000	ミュージシャン
2	Beyoncé Knowles	$105,000,000	ミュージシャン
3	J.K. Rowling	$95,000,000	作家
4	Drake	$94,000,000	ミュージシャン
5	Cristiano Ronaldo	$93,000,000	アスリート
6	The Weeknd	$92,000,000	ミュージシャン
7	Howard Stern	$90,000,000	ラジオ・パーソナリティ
8	Coldplay	$88,000,000	ミュージシャン
9	James Patterson	$87,000,000	作家
10	LeBron James	$86,000,000	アスリート
・ ・	・ ・	・ ・	・ ・
92	Kei Nishikori	$33,900,000	アスリート

出所：Forbes（2017）

いる．その背景には，各企業の技術開発競争が均衡状態となり，すなわちそのことは製品競争が本質的に不可能になったことを意味するので，企業間競争の勝負の場として製品の付加価値が求められていたこと，消費市場の基本的な趨勢がかつてのような価格競争から「高品質・高額品志向」になっていたこと，付加価値競争のマーケティングによって，広告が「目立つ」ということが従来以上に至上命令となっていたこと，などがあげられる．

一方，高度経済成長期以降の消費者心理には，「具体的・物質的な生活目標」から「抽象的・心理的な生活目標」へと価値観の変化がみられ，現実に人々は，「実利の追求」よりも「夢の追求」という姿勢を消費活動に強く反映させるようになっていた．これが受け手側の要因である．タレントは，ファッション・リーダーであり，流行語の発信源であったという（梶，1975）．

セレブリティの誕生は，マス・メディアの発展プロセスとも密接な関係がある．我々は日常生活の中で，テレビや雑誌だけではなく，ツイッターやフェイスブックなどのソーシャル・メディアによって，さまざまなエンターテインメント関連の情報に接している．

それゆえ，セレブリティは人々の憧れの対象となり，ファッションから言動（流行語を生み出すなど）に至るまでセレブリティの社会への影響力は大きく，ソーシャル・メディア時代において，オピニオンリーダーとしての力はさらなる注目の対象となっている．

アメリカのフォーブス誌は毎年，世界のセレブリティの影響力（収入）を発表している．そのランキング（図表序－2）をみると，ミュージシャン，アスリート（プロスポーツ選手），作家などがあげられ，日本人としては92位に男子プロテニス選手である錦織圭がランクインしている．

3．セレブリティ・コミュニケーションの形態

続いて，セレブリティ・コミュニケーションの形態を考察する．そのためにまず，基本的な広告の形態を考察してみよう．広告効果に影響を与える広告の特徴を分析したFranzen（1995）の８つの形態カテゴリーを，Mooij（2014）は11カ国以上のCMの分析をベースに，以下の７つの基本形態に分類した（図表序－3）．

それは，①アナウンスメント，②意味移転，③レッスン，④ドラマ，⑤エンターテインメント，⑥イマジネーション，⑦特殊効果，である．たとえば，①アナウンスメント型である化粧品の「CLINIQUE」の広告のように，製品を中心とした純粋なディスプレイ型の広告では製品そのものが中心とされるが，②意味移転，③レッスン，④ドラマ，⑤エンターテインメントなど，ほとんどの広告の形態ではセレブリティが登場することになる．さらに，⑥イマジネーションや⑦特殊効果の広告にはキャラクターが多く登場する．

この７つの広告の基本形態の中で，セレブリティ・コミュニケーションの対象となるのは，ナレーションだけにセレブリティを起用する①アナウンスメントまで入れると，すべてになる．

図表序－3　広告の基本形態

基本形態	下位形態	セレブリティの起用形態
アナウンスメント	・純粋なディスプレイ ・製品メッセージ ・企業プレゼンテーション，ドキュメンタリー	・ナレーションだけにセレブリティを起用
意味移転	・ライフススタイル ・メタファー ・換喩（メトニミー） ・セレブリティ移転	・セレブリティ
レッスン	・プレゼンター ・テスティモニアル / 推薦（endorsement） ・デモンストレーション ・比較 ・ハウツー（how to）	・セレブリティを起用したプロモーション型 ・一般人を起用した証言型（例：ダヴ）
ドラマ	・実生活の一片 ・問題解決 ・エピソード ・劇場	・セレブリティ
エンターテインメント	・ユーモア ・製品に関する劇，もしくは芝居	・セレブリティ
イマジネーション	・マンガ ・動画 ・その他，非現実的演技	・キャラクター
特殊効果	・動く製品，アニメーション ・フィルム，ビデオ ・テクニック，芸術的刺激	・キャラクター

出所：Mooij（2014）邦訳を基に加筆修正

4．セレブリティ・コミュニケーション戦略の必要性

セレブリティ・コミュニケーション戦略の必要性が，近年さらに注目されつつある背景には，「セレブリティ」という情報源の価値だけではなく，メディア環境の変化も大きく影響している．1990年代以降のマーケティングは，ブランドを中心としてその戦略的方向性が提示されてきたが，市場の成熟化や競争環境の激化，差別化の困難性，ブランド・ロイヤルティの低下，

プライベート・ブランドの登場，メディアの分化，プロモーション支出の増加などにより，ブランド構築には課題（Keller, 1998）がある．メディアのデジタル化やソーシャル化を中心としたメディア環境の変化は，これにさらに拍車をかけている．このような状況の中で，セレブリティ・コミュニケーション戦略の必要性は，さらに高まっていると考えられる．

セレブリティ・コミュニケーションの効果には，消費者の注意を引きつけ，商品およびブランドに対する高い認知度とブランド・アイデンティティを確立する「ブランド」効果がある．また，セレブリティを活用し，受け手との関係性を発展させて「顧客エンゲージメント」を高め，売上の向上だけではなく，企業ブランドや商品ブランドをソーシャル上に拡散させる効果も期待できる．デジタル・メディア時代のセレブリティ・コミュニケーションの必要性を整理してみると以下のようになる．

第一に，オピニオンリーダーとしての「セレブリティ」の可能性である．情報洪水ともいわれているマス・メディアによる情報の爆発的な増加によって，消費者は情報を選別できなくなっている．それゆえ，情報の「受け手」にとってはオピニオンリーダーの存在はより注目されている．さらに，対面コミュニケーションの機会が著しく減少しつつあるため，「セレブリティ」は一般大衆にとっては，従来のオピニオンリーダーの効果を遥かに超える役割を果たしていると考えられる．総務省の「我が国の情報通信市場の実態と情報流通量の計量に関する調査研究結果（平成21年度）―情報流通インデックスの計量―」によると，平成13年度を100とした場合の平成21年度の情報流通量は198.8に達したものの，消費情報量は109の増加にすぎなかったという．その背景には，インターネット関連のメディアの増加があり，メディア別の調査結果でも，流通情報量ではインターネットの伸びが突出していることが確認された（総務省，2011）．

このように大量に情報が氾濫して，企業側が送った情報が選別されにくくなっている「クラッター化」だけではなく，従来型の一方通行のメディアの特性とは大きく異なり，誰でも情報発信できるインターネットの普及で，今までのような送り手側からの一方的な情報は届きにくくなっている．また，無料のメディアやサービスが増えて，誰でも無料で簡単に情報を発信できるようになるなどコミュニケーション環境も激変している．このような中で，人々から愛されている，または愛される見込みがある「セレブリティ」を活用し，コミュニケーション戦略の中核に「セレブリティ」を置くように，戦略的にコミュニケーションを統合する必要性が高まっている．

第二に，ヒューマン・コミュニケーションの重要性である．コミュニケーションは，メディアを利用したメディア・コミュニケーション（media communication）と人間対人間によるヒューマン・コミュニケーション（human communication）とに分類される．メディアのデジタル化が進むにつれ，機械的コミュニケーションが増え続けている．このように，人工知能などの進化によってこれまで人間が行ってきたことの機械化が進んでいるからこそ逆に，人々は実際の経験を中心としたヒューマン・コミュニケーションを求めている．

ヒューマン・コミュニケーションの重要性が高まっているその理由としては，①対人コミュニケーションの相手についてのさまざまな知識があるために，適切な情報を持っていそうな人を探しやすく，情報探索のコストが節約できる，②価値判断を含んだ情報であり，消費者にとって不確実性を低下させてくれる情報が含まれている（濱岡，1994），③販売意図がなく非商業的な情報源である（Mourali, Laroche & Pons, 2005），④友人や家族など社会的ネットワークとしての信頼が高い（田路，2002），という点があげられる（宮田，2008）．このことも，セレブリティ・コミュニケーションの必要性を高めている．

インターネットやモバイルネットワークという新しいコミュニケーション・メディアの普及も，消費者行動におけるヒューマン・コミュニケーションの重要性を後押ししてきている．その一番の理由として，限定された親しい人々の間の対人コミュニケーションが，インターネットを介することで，広い範囲のさまざまな人々との社会的ネットワークにおける対人コミュニケーションへと拡大し，さまざまな情報の収集が可能となったことが挙げられる．

第三に，社会的ネットワークの起点としてのセレブリティの存在である[4)]．消費者が商品やサービスに関する自分の体験を評価することで，消費者の意見や評価そのもの自体の影響力を高め，消費者主催の向上にもつながると期待されているからである．すなわち，インターネットを活用することで，消費者同士が同一の関心や嗜好を起点として新しい社会的ネットワークを形成したり，既存の社会的ネットワークを維持・強化したりすることで，消費者間で広く情報共有が行われつつあるのである．さらに，これらの情報を集結しつつ，消費者行動という面でもさまざまな形態の協働を行うことが期待できるという（宮田，2008）．

第四に，テレビやインターネットのようにメディアのビジュアル化が進化することによって，受動的な人々が増えていることである．メディア・コミュニケーションの観点からすると，マス・メディアによるメディア・コミュニケーションは，決して「対等な個人」の情報伝達を生み出すものではない．情報の「受け手」は，大量のメディア情報を受動的に感受することを楽しみにしている．その結果，20世紀のメディア・コミュニケーション史を席巻してきた，映画，音楽，スポーツ，政治などにおける数々のスターやヒーローへの人々の熱狂があったといえよう．また，このような20世紀のメディア・テクノロジーの爆発的普及は，コミュニケーションの「受け手」の立場に立ちたいという人々の受動性への欲望の結果であるという．さらに，このような受動的な立場になった大衆たちは，ただメディアのメッセージを受け止めて喜ぶだけではなく，自らも能動的な反応を示さなければならない．そこでスターを模倣することになる．1910年代のチャップリン，1950年代のエルビス・プレスリー，1960年代のビートルズなどの出現により，世界中の若者たちがこれらのスターを模倣することになった（長谷，2009）ことも，現代人の「セレブリティ」への憧れを説明してくれる．

このように，メディア・コミュニケーションの視点からすると，「受け手」の受動性への欲望と模倣という中でも，「セレブリティ」はその中心的な役割を果たしている．1900年代以降のマス・メディアの発展とともに，「セレブリティ」に対する一般大衆の興味と関心が高まってきた．テレビの普及というマス・メディアの影響によって，「偉大な」人間が突然誕生するようになり，「英雄」から「セレブリティ」の時代に変わったという．「英雄」とは，「勇気，高潔さ，あるいは功績のゆえに賞賛される人物」であると定義でき，その原型は戦争の英雄である．しかし，1900年代以降，グラフィック革命が突然もたらしたものの1つが，テレビの視聴者，映画の観客，ラジオのリスナー，新聞・雑誌の読者が，テレビ・映画・ラジオのプロデューサー，新聞・雑誌の編集者・記者と協力すれば，1人の人間をたちまちのうちに「セレブリティ」にしてしまうことができる（Boorstin, 1962），ということである．

そして第五に，コンテンツ・マーケティングの重要性である．現在のマーケティング・コミュニケーションの環境下では，従来型のプッシュ型のマーケティング・コミュニケーションから，プル型のマーケティング・コミュニケーションへと戦略転換する必要性が高まっている．マス広告によるブランド・イメージ確立に重点をおいたマーケティング・コミュニケーションで，ブランド・イメージを構築することは，メディアの多様化やソーシャル・メディアの増加によって，難しくなっている．特に，デジタル・マーケティングの特徴は顧客からの支持を基盤としている（第1章参照）ため，企業からの一方的な説得コミュニケーションではなく，顧客から接近してもらうためにもセレブリティを活用したコンテンツ・マーケティングが必要である．したがって，「セレブリティ」を活用したプル型のマーケティング戦略[5)]が，より効果的であると考えられる．

さらに，既存の「セレブリティ」だけではなく，ソーシャル・メディア時

図表序－4　「セレブリティ・コミュニケーション」のメリットとデメリット

潜在的なメリット	潜在的なデメリット	予防戦術
注目を集める	オーバーシャドー効果	事前テストと慎重な計画
イメージ向上	論争	保険加入，契約
ブランド戦略	画像の変化と露出過多	彼らの役割は何かを説明し，他社ブランドへの出演を制限する条項を契約書に設ける
ブランドのリポジショニング	イメージの変更と一般の認識の喪失	セレブリティがどのライフサイクルステージにいるかを確認し，それがどのくらい続くかを調べる
グローバル・キャンペーンを支える	コストが高い	世界中すべての市場で人気があるわけではないので，グローバル市場に適したセレブリティを起用する

出所：Erdogan（1999）を基に加筆修正

代ならではの「セレブリティ」である「マイクロ・セレブ」にも注目したい．第1節でも触れたが，「マイクロ・セレブ」とは，テレビや新聞など既存のマス・メディアから生まれたセレブリティとは違って，ソーシャル・メディアから誕生し，ネット・コミュニティを中心に活動を広げることによって，一部の領域では既存のセレブリティ以上の人気と影響力のあるセレブリティと定義する．そのため，セレブリティ・コミュニケーションの一部とみなして考察していきたい．

また，「セレブリティ」起用の光（効果）だけではなく，影（逆効果）もみないことには，セレブリティ・コミュニケーションをマーケティング・コミュニケーション戦略として活用できない．そこで，本書ではセレブリティ・ミュニケーションの最大のリスク要因である，「セレブリティ」の重複出演や不祥事などのリスク要因も考察していく．

5．本書の意義と構成

本書では，セレブリティ広告やキャラクターなどを中心に考察されてきた各種の研究成果を体系化し，セレブリティ・コミュニケーション戦略という新たなマーケティング・コミュニケーション戦略の研究領域を確立することを目指す．そのため，国内外の先行研究の考察だけではなく，独自の調査結果にも基づき，マーケティング・コミュニケーション研究の観点からセレブリティ・コミュニケーションという新たな戦略的方向性を展開する．

以上を受けて，本書では以下のように検討していく．

第1章では，セレブリティ・コミュニケーション戦略の検討に入る前に，デジタル時代のこれからのマーケティング・コミュニケーションの課題とその方向性を検討する．今日のマーケティング・コミュニケーションの現状を，マーケティング・コミュニケーションの進化プロセスから考察することによって，デジタル時代のこれからのマーケティング・コミュニケーションにおけるセレブリティ・コミュニケーション戦略の方向性を検討する基礎とする．

第2章，第3章ではセレブリティ・コミュニケーションにかかわる理論

（モデル）を紹介する．第2章では，セレブリティ・コミュニケーション戦略における情報源の効果について考察する．社会心理学の態度変容に関するHovland, Janis & Kelley（1953）による情報源モデル（情報源信憑性モデル，情報源魅力モデル，社会的パワー理論）を中心に，コミュニケーションの「送り手」要因から情報源の効果に関する先行研究を検討する．

情報源モデルはセレブリティ広告の効果を体系化するには有効なモデルであるものの，全体的なセレブリティ・コミュニケーション効果の解明には至らなかった．このような情報源モデルの限界を克服するために，1980年代以降からは，複合モデル（マッチアップ仮説と意味移転モデル）が登場することになる．第3章ではマッチアップ仮説と意味移転モデルを考察し，ブランド構築におけるセレブリティの役割とブランド・レバレッジ戦略の必要性を提示する．

第4章では，セレブリティ・コミュニケーションの効果を検証する．そのため，ダイレクト・マーケティング業界の実在するブランドとセレブリティを調査対象とし，セレブリティ・コミュニケーション効果の有効性を実証する．

第5章では，セレブリティ・キャスティングの実態と評価基準などを考察し，戦略的なキャスティングの重要性を提示する．日本国内のセレブリティ・キャスティングに関連する調査結果や研究成果があまりないことから，諸外国のセレブリティ・キャスティングに関連した調査結果を検討する．さらに，セレブリティ・キャスティングの恣意性を排除するための評価基準に関する調査結果やその測定方法に関する現状も考察する．

第6章では，セレブリティ・コミュニケーションの最大のリスク要因である「セレブリティの重複出演の効果」について検証する．具体的には，同一セレブリティが多数の企業ブランドに重複出演する場合の効果を明らかにする．重複出演しているブランドにどのような影響を与えるかを比較分析し，マーケティング・コミュニケーション戦略におけるセレブリティ・コミュニケーションの方向性を検討する．

第7章では，東日本大震災直後の大量のACジャパンによる公共広告のメッセージにおけるセレブリティ・コミュニケーションが人々にどう届いたかを考察することによって，有事や企業の不祥事の際のセレブリティ・コミュニケーション効果を検討する．本章は，早稲田大学名誉教授亀井昭宏先生との共著論文である朴・亀井（2012）を基に作成したものである．

第８章では，セレブリティ・コミュニケーションの観点から，キャラクターの活用について考察する．そのため，国内のキャラクター市場の動向およびキャラクターに対する消費者の意識を確認し，企業のキャラクターの活用について考察する．さらに，2012年からのご当地キャラクター・ブームから現在までの動向や分析結果などから，ご当地キャラクターの活用についても検討する．本章は，株式会社アサツーディ・ケイの野澤智行氏との共著論文である朴・野澤（2013）と野澤・朴（2014）を基に作成したものである

第９章では，2000年代以降の日本のヒット広告キャンペーンにおけるセレブリティの起用効果について考察する．そのため，３社（セレブリティ起用：サントリー「BOSS」とシャープ「AQUOS」，非セレブリティ起用：エステー「消臭力」）の成功事例を提示する．これらの調査対象事例から実務的インプリケーションを提示する．

終章では，各章別の分析結果をまとめてから実務的なセレブリティ・コミュニケーション戦略を考察することによって、セレブリティ・コミュニケーション戦略の意義と課題について論じる．

〈注〉

1） プロモーション型のCMとは，日本国内の通信販売広告のように，出演者が製品の良さや価格の安さをひたすら押し付けるプロモーション的な要素が強いCMをさす．

2） CMというとテレビ・コマーシャルを連想するが，本書ではネット上の動画広告もCMとしている．

3） 例えば，桜井日奈子はCMへの出演を重ねることによって知名度を上げてきた．それには，インターネットやSNSが大きく影響した．そのきっかけとなったCMは2015年５月公開のウェブ広告「LINE MUSIC」であり，そのかわいさから「岡山の奇跡」といわれて，ソーシャル・メディアで拡散．まとめサイトで多く取り上げられるようになり，2016年度には「CMタレント好感度ランキング女性部門16位―CM総合研究所調べ」になったという（『日経エンタテインメント！』2017年３月号）．

4） 例えば，2017年12月時点の国内のツイッターのフォロワー数ランキングをみても，有吉弘行（697万），松本人志（535万），広瀬すず（337万）などからも確認できるように，インターネット上のSNSの影響力は大きい（http://meyou.jp/ranking/follower_allcat）．

5） 顧客が企業のウェブサイトやコンテンツなどをみることによって，当該企業の商品やブランドに関心を持たせるマーケティング．

デジタル時代のマーケティング・コミュニケーション

1．はじめに

情報通信テクノロジー（以下，ICT）の進化によって，メディア環境も急速に変化している．特に，スマートフォンの急速な普及やソーシャル・メディア使用の日常化などによって，マーケティング・コミュニケーション戦略も進化が求められている．テレビ・新聞・雑誌・ラジオのような既存メディアのデジタル化が進み，新聞や雑誌もタブレット端末で読む人が増え続けている．一方，従来型のマーケティング・コミュニケーション手法であった，紙をベースとする新聞・雑誌やテレビも，その影響力が弱まっているとはいえ，シルバー層を基盤としてその存在価値を存分に発揮していることに変わりはない．

このように現在のマーケティング・コミュニケーションを取り巻く環境の変化は，従来型のマーケティング・コミュニケーションからデジタル・マーケティング・コミュニケーションへの転換期，または過渡期として位置付けることもできるだろう．

本章では，今日のマーケティング・コミュニケーションの現状を，マーケティング・コミュニケーションの進化プロセスから考察することによって，デジタル時代のこれからのマーケティング・コミュニケーションにおける「セレブリティ・コミュニケーション」の必要性とその方向性を検討する基礎とする．

2．マーケティング・コミュニケーションの本質

コミュニケーションの語源，ラテン語のCommunisとは，共同参画または共有を意味する．したがって，コミュニケーションの概念はコミュニケーション過程における参画者間の情報交換による共有を意味すべきである（Rogers, 1986）．また，コミュニケーションとは，人の意思が他者に影響を及ぼす手順のすべてを含むものとされている（Shannon & Weaver, 1967）．また，コミュニケーションの目的は，我々が影響を与え，我々の思いどおりに感化するために，コミュニケーションを行うのであるという（Berlo, 1960）．

また，Shannon & Weaver（1967）によって提示された，情報源（information sources），送信機（transmitter），チャネル（channel），受信機（receiver），目的（destination），雑音源（noise source）というコミュニケーション・モデルは，広告を中心としたコミュニケーションの基礎的なモデルとして認識されてきた．

これらのコミュニケーション理論の根底には，アリストテレスの「修辞学（rhetoric）」がある．アリストテレスは，修辞学の研究を「説得を可能ならしめるすべての手段」の探求であると定義した（Berlo, 1960）．

アリストテレスは『弁論術』の冒頭で，レトリックを説得の技術ではなく，「どんな問題でもそのそれぞれについて可能な説得の方法を見つけ出す能力」と定義したという．さらに，話し手の信頼性に基づく説得（エトス）や聞き手の感情に訴える説得（パトス）が大きな力を持つことは認識しているが，その使用は言論に基づく説得（ロゴス）に補完的な場合に限定されるべきであるという．感情への働きかけは，あくまでも聴衆の合理的な判断を導くための手段であり，感情だけに訴えたり，話し手の信頼性のみに頼った説得は，技術の名に値しないからであるという（師岡，2011）．

このように，古代ギリシャの哲学者であるアリストテレスの修辞学の伝統から，現在のアメリカのコミュニケーション理論では，コミュニケーションとは人の精神が他者に影響を及ぼし説得的に情報を共有する，ということを

ベースにしている．そしてコミュニケーションの要素として，メッセージの発信源である送り手（人・組織・企業・ブランドなど），メッセージ（物語・画像・広告など），メディア（テレビ・新聞・インターネットなど），受け手（人や消費者など）がある（Mooij, 2014），などと定義されている．これが，コミュニケーション理論が現在のマーケティング・コミュニケーションを支える理論的背景となってきたといえる．

Rogers（1986）は，これらの古典的コミュニケーション理論の課題として，①コミュニケーションを時間の経過に伴った循環的双方向のプロセスとしてではなく原型的な単一方向の行為としてみると，②コミュニケーションを行う個人間の関係よりも発信源のバイアスのほうを重視して提示していること，③コミュニケーションの目的事物を単純で孤立した物理的事物としてとらえそれの存在する文脈を無視して焦点をあてていること，④コミュニケーションの主な機能を総合理解や意見の一致，集合的行為としてではなく，単一方向の説得行為として考えること，⑤コミュニケーションの社会的効果やネットワーク内の個人間の関係よりもむしろ，分離した単独個人へのコミュニケーションの心理的効果に重点をおくこと，⑥人間のコミュニケーションのシステムは基本的にサイバネティクス的，つまり適応制御的であるのに反し，ヒューマン・コミュニケーションにおいて相互的ではない，単一方向の機械的な因果関係を仮定すること，などを挙げた．

一方，アメリカのマス・メディアの効果研究のパイオニアであるラザースフェルドとカッツは，アメリカの大統領選挙が実施された1940年の5月から11月にかけて，オハイオ州で，3000名を対象にしたパネル調査を行った．調査の結果，それぞれの意思決定に，ラジオや新聞などのマス・メディアよりも，それぞれが所属する小集団のほうがより効果的に作用することが分かった．また，その小集団の中心に存在するオピニオンリーダーの存在が大きな影響力を持つことも分かった．マス・メディアの情報の流れは，各個人に直接的に向かうのではなく，小集団の中で周りの者から一目置かれるこのオピニオンリーダーを媒介して各個人に情報が流れ，直接的な流れ以上に影響力を及ぼすことが分かったのである（長谷川，2016）．但し，消費者を取り巻く情報環境は当時と比較にならないほど複雑になり，古典的なオピニオンリーダー像が現代においてもあてはまるという保証はないという指摘もある．特に，オピニオンリーダーの接触する情報源がマス・メディアからインターネットへ移行したことに，大きく影響される（小林，2008）

しかし，このコミュニケーションの古典的理論は，インターネットによって媒介されるコミュニケーションがコミュニケーションの中心になりつつある近年，「セレブリティ・コミュニケーション」の必要性の観点から再注目されている．

3．マーケティング・コミュニケーションの起源と進化プロセス

マーケティング・コミュニケーションという言葉の起源を遡ってみる前に，まずマーケティング戦略の基本的なフレームワークとされている，マーケティング・ミックスについて考察する．

マーケティング・ミックスという用語は，すでに1940年代後半には，ハーバード・ビジネス・スクールの教授だったボーデンによって使用され，①製品計画（product planning），②プライシング（pricing），③ブランディング（branding），④流通経路（channels of distribution），⑤人的販売（personal selling），⑥広告（advertising），⑦プロモーション（promotions），⑧パッケージング（packaging），⑨ディスプレイ（display），⑩サービス（servicing），⑪物的ハンドリング（physical handling），⑫事実の発見と分析（fact finding and analysis）という12のマーケティング・ミックスの要素が挙げられている．これが４Ｐの原型となったといえる（Borden, 1965）．

マーケティング・ミックス戦略は，1953年のアメリカ・マーケティング協会（American Marketing Association：AMA）の会長演説でボーデンによって初めて提唱され，当時のビジネス界を一変させた[1)]．

Borden（1965）のマーケティング・ミックスは，ブランディング，人的販売，広告，プロモーション，パッケージング，ディスプレイなどおよそ半分がマーケティング・コミュニケーションの構成要素となっている．これらのことからすると，マス・マーケティングの誕生以前は，マーケティング・コミュニケーションがマーケティングの中心的な存在だったことが考えら

れ，興味深い．

その後，４P（Product, Price, Place, Promotion）というシンプルなマーケティング・ミックスの枠組みを提唱したのがマッカーシーである．４Pの原型となる概念は，マッカーシーの恩師であるノースウェスタン大学経営大学院のリチャード・クルウェット教授の提唱したものであり，「３つのP」（Product, Price, Promotion）と「１つのD」（Distribution：流通）であった．コトラーによると，マッカーシーがマーケティングを教えるようになり，Dをプレイスに換えて「４P」という枠組みを作ったという[2)]．

1990年代には，インターネットの出現により多様なコミュニケーション手段を消費者が活用できるようになった．消費者がICTを利用することによって，マーケターや流通企業が持っていた力を実質的に奪い，インタラクティブなネットワーク市場を創り出した．その結果，顧客は初めて，自分が暮らしている地域だけではなく，市場全体を見渡せるようになり，世界中から物を買い，価格を比較し，ほしいものや必要なサービスについて交渉することができるようになった（Schultz, 2003）．このように市場の力関係は，メーカー中心の製品主導型市場と流通や価格主導型市場を経て，90年代以後にはコミュニケーション主導型の市場に変化したといえるだろう．

４Pのフレームワークは企業側の視点であることから，それを顧客の視点から改良した，消費者のニーズとウォンツ（consumer needs and wants），コスト（cost），利便性（convenience），コミュニケーション（communication）という４Cの考え方が，1990年代に登場した（Schultz, Tannenbaum & Lauterborn, 1993）．

マーケティング・コミュニケーションという用語が本格的に使われるようになったのは，この時期からである．４Pを４Cへと消費者視点に改良したにもかかわらず，現在のマーケティングの実務では，製品・価格・流通は３Pのまま使用されている．しかし，「コミュニケーション」だけが取り出されて，「マーケティング・コミュニケーション」として多用されるようになった．その背景には，インターネットの普及などのメディア環境の変化や，ソーシャル・メディアの登場，メディアのデジタル化などにより，企業側からの一方的なプロモーションの効果が薄れていることがある．そのため，企業と顧客とのコミュニケーションの重要性が高まっているのである．

繰り返しになるが，コミュニケーションはメディア・コミュニケーションとヒューマン・コミュニケーションとに分類される．マーケティング・コミュニケーションからすると，ヒューマン・コミュニケーションから始まった人的販売と，マス・メディアを軸とする広告・セールスプロモーション・PR などのマス・コミュニケーションは大きく異なる．

Delozier（1976）は，マーケティングにかかわる要素の総体が消費者へのコミュニケーションを形成するとの考え方のもとに，マーケティングの4Pミックスのすべてをコミュニケーション変数ととらえた．彼によれば買い手は製品の購買と使用による満足の総体を求め，製品の機能的・心理的ベネフィットを享受する．それゆえ，マーケティング・コミュニケーションの役割は，買い手と「意味」の共有をはかり，買い手と企業の双方の目標を達成することにある．そのコミュニケーション要素には，広告，人的販売，販売促進などのプロモーション要素だけではなく，消費者が企業のコミュニケーション要素と知覚しうるものすべてを包摂し，製品，価格，小売店なども含むという（武井，1997）．

さて，マーケティング・コミュニケーションは，マーケティング活動を効果的に成し遂げるためのコミュニケーション活動である．この定義によると，マーケティング・コミュニケーションとは企業が自社の販売する製品やブランドについて，消費者に（直接ないし間接的に）情報を発信し，説得し，想起させようとする手段である．ある意味，マーケティング・コミュニケーションはブランドの「声」を表すものであり，消費者と対話して関係性を構築する手段といえる（Kotler & Keller, 2006）．

顧客との関係性を構築する最大の目的は，顧客との1回の取引で最大の利益を回収することではなく，継続的な取引の中で持続的な収益を確保することである．そのためには，顧客の満足度を高めることは欠かせない．

マーケティング・コミュニケーションとは，ブランドを売るために，ターゲット顧客の心の中にマーケターが望むブランドのポジションを築くよう，さまざまなメディアを使って，ブランドを提示し，あるいはブランドについて語る，マーケターが発信するメッセージであると定義されている（Rossiter & Bellman, 2005).

従来のマーケティング・コミュニケーションでは，マーケティング・コミュニケーションの機能は，①消費者ないし見込み客への商品情報の伝達（=情報訴求），②商品への好意の形成（=イメージないしシンボル訴求），③購買意思決定への直接的刺激付け（=直接刺激訴求）という3つの機能を有するものであったが，マーケティング・コミュニケーションの拡張（亀井，2009）や，双方向性のあるデジタル・メディアによって，マーケティング・コミュニケーションはｅコマース（電子商取引），ダイレクト・マーケティングやCRM（顧客関係マネジメント）のように，流通やデータ分析に至るまでその領域を拡大している．

しかしながら今日に至るまで，多くの企業においてマーケティング・コミュニケーションは，マス広告やプロモーションなどに大きく依存してきた結果，企業側の一方的なコミュニケーションというイメージを払拭できたとはいえないだろう．

加えて，学術界だけではなく実務界でも，マーケティング・コミュニケーションには企業の一方的な情報発信やプロモーション的な意味合いが濃く，実質的な中身からするとプロモーション的要素が強かった．企業側視点の4Pが消費者視点の4Cになっても，このプロモーション・ミックスとマーケティング・コミュニケーション・ミックスの構成要素は，ほぼそのまま使われてきた．その構成要素であるマス広告・販売促進・人的販売・PRなどからも確認できるように，従来の企業側の視点のまま論じられていたのである．

アメリカの学術書をみても，広告およびマーケティング・コミュニケーションの教科書のタイトルは今日までも，広告（advertising），プロモーション（promotion），IMC（統合マーケティング・コミュニケーション）などが主流となっている．Mooijは，1990年代以降のマーケティング・コミュニケーションの代表的な理論であるIMCが，現在でもアメリカでは広く支持されている背景には，広告主と広告会社（広告代理店：以下，広告会社）との関係や機能別に分化されたエージェンシーなど，ヨーロッパや日本とは異なるアメリカ特有の広告産業構造があると指摘している[3)]．

顧客主導型市場への変化のため，1990年代以降のマーケティング論はブランドを軸として議論されてきたといえる．しかし，市場の成熟化，競争の複雑化と激化，差別化の困難性，ブランド・ロイヤルティの低下，プライベート・ブランドの登場，メディアの分化，プロモーション支出の増加などにより，ブランド構築には課題（Keller，1998）がある．その課題に拍車をかけているのは，メディアのデジタル化やICTの進歩であろう．

4．メディアの変化

4-1．メディアの変化とマーケティング・コミュニケーション

メディアの機能は，長い間，紙媒体を中心に情報を記録して伝達することが主であったが．1900年以降のラジオ・テレビなどの電波メディアの発達によって，不特定多数の人々に情報を伝える，いわば「マス・メディア」の時代に突入した．日本では1953年にNHKのテレビ放送がスタートしたことによって，テレビの時代が始まった．マス・メディアの誕生と発展プロセスは，セレブリティ・コミュニケーションの誕生と発展の歴史そのものであるといってもよいだろう．

そして1990年代以降のインターネットを基盤とする双方向性メディアの登場により，一方的な情報の伝達機能であったメディアは衰退しつつあり，一方通行ではないコミュニケーションの重要性が高まっている．そのことによって，セレブリティ・コミュニケーションにおいても，マスからソーシャルに，またはマスとソーシャルを融合した変化が見受けられる．ソーシャルを基盤とする「マイクロ・セレブ」の誕生も，マス・メディアの時代には想像もできなかった現象であろう．

図表1－1で，1999年から2016年までの媒体別広告費の構成比の変化をみると，テレビ・新聞・ラジオ・雑誌のいわゆるマス四媒体の衰退と，その一方でのインターネットの成長が確認できる．特に注目したい点は，「映像」と「音声」によるマス・メディアであるテレビとインターネットの堅調な成長と，それとは逆に「活字」のメディアである新聞と雑誌の衰退であろう．

1999年には，テレビ（33.5%）とインターネット（0.4%）を合わせて33.9%，新聞（20.2%）と雑誌（7.3%）合わせて27.5%だったのが，2016年に

図表1－1　日本の媒体別広告費（1999～2016年）

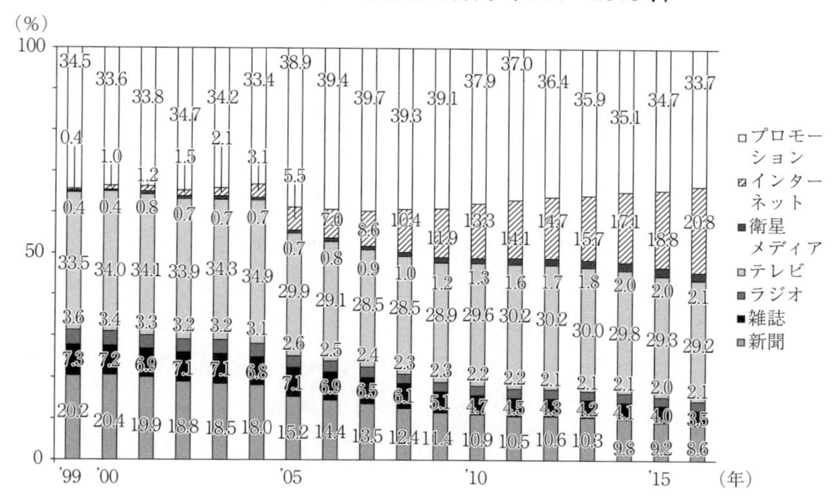

出所：電通（2017）を基に筆者作成

は，テレビ（29.2%）とインターネット（20.8%）を合わせて50%，新聞（8.6%）と雑誌（3.5%）を合わせて12.1%となり，テレビとインターネットは33.9%から50%に成長したが，新聞と雑誌は，1999年には27.5%だったのが，2016年には12.1%と半分以下に減少した．

さらに，博報堂DYメディアパートナーズメディア環境研究所の「メディア定点調査2017」によると，「携帯電話・スマートフォン」と「タブレット端末」の合計時間が初めてメディア接触時間全体の3割を超えるなど，生活者のモバイル（携帯電話・スマートフォン・タブレット端末）メディア接触時間が増加している．さらに，1日当たりのメディア接触時間は378分となった（博報堂DYメディアパートナーズ，2017）．このように，テレビを中心とした電波メディアから，インターネットを中心とするデジタル・メディアへの変化が目立つ．

「映像」と「音声」によるマス・メディアであるテレビとインターネットの使用動向を年齢別にみると，テレビ視聴時間は高齢者を中心に増える傾向も見受けられることから，動向は年代や世代別に分化していくこともうかがえる．

さらに，コミュニケーション手段のデジタル化の中で，プロモーション・メディアの動向も見逃せない．図表１－１では，1999年の34.5％から2016年33.7％と，構成比でみると大きな違いはないが，16年のプロモーション・メディアの広告費は２兆1184億円であり，その内訳中でも特に注目すべき領域は，「展示・映像など」である．その成長率が対前年比で16年は104.3％，15年は107.7％であり，プラス成長が続いている．さらに，日本イベント産業振興協会のまとめによると，国内のイベント市場規模は15年に14.6兆円であり，前年に比べて10％拡大している[4)]．このようなプロモーションにもセレブリティの存在は欠かせない．音楽業界でも，CDの販売は半分以下に減少したにもかかわらず，ライブなどのイベントは増加している．

Kotler, Kartajaya & Setiawan（2016）は，情緒的であり相互利益の関係をベースとしているネチズン[5)]のコミュニティに注目している．彼らは社会の連結者となり，他のネチズンと繋がって，コミュニケーションすると同時に，コンテンツを生み出すだけではなく表現力の強い伝道師でもあるという．したがって，コミュニケーションのデジタル化，ソーシャル化の中で，セレブリティを中心とした体験型のコミュニケーション領域が成長していることは，情緒的コミュニケーションやコンテンツの重要性がより高まっていることを裏付けていると考えられる．

クロス・メディア戦略，メディア・エンゲージメントなどの用語からみられるように，これまでのメディア・プランニングは，受け手ではなくメディア側が中心であったことは否定できないだろう．メディアのソーシャル化やデジタル化などによって，ブランドと消費者をつなぐためのメディア開発や，マス広告戦略としてのメディアからマーケティング・コミュニケーション戦略としてのメディアをどのようにとらえるかは，大きな課題として浮上している．

このような中，セレブリティを活用した新たなコミュニケーション戦略が求められているのである．既存のマーケティング・コミュニケーションでは，メディアは有料であり，そのメディアの権威と受け手への到達可能性からその価値が決められたため，セレブリティはあくまでも付随的な存在に過ぎなかった．しかし，ソーシャル・メディアは誰でも発信することができるため，大衆から愛されている人気のセレブリティを活用することは，メディアの中心が，メディアから人やキャラクターなどのコンテンツに移動する必要性を意味するだろう．

4-2. メディアの信頼度

デジタル・メディアの進化が進んではいるが，従来型のマス・メディアに対する信頼度は変わっていない．ニールセン（2015）の広告信頼度の調査結果をみると，テレビ，新聞，雑誌は，信頼され続けるメディアであり，回答者全体の 6 割超（63%）が，テレビ広告を「完全に」または「ある程度」信頼すると答えている．これは，同社の2013年の調査に比べて 1 %も上昇している．同様に新聞および雑誌広告を信頼している回答者の割合も，これよりわずかに低いだけで，それぞれ 2 年前と比べて 1 %， 2 %減の60%，58%だったという．

一方，オンラインやモバイルに関連したメディアに対する信頼度は，2013年の調査とほぼ同じ水準であり，オンライン動画広告（48%），検索連動型広告（47%），ソーシャルネットワークの広告（46%）について，全回答者のおよそ半数は完全にまたはある程度信頼すると答えている．さらに，オンラインバナー広告（42%）およびモバイル広告（43%）を信頼しているが，モバイルテキスト広告を信頼していると答えた回答者は36%にすぎなかった．これらの調査結果から，依然として従来型のマス・メディアに対する信頼度が高いことが明らかになっている．

さらに，同社の情報源（口コミを含む）の信頼度に関する調査（アジア太平洋地域）をみると，知人からの推薦（85%），企業（ブランド）ウェブサイト（78%），新聞の社説・コラム（71%），インターネット上の消費者の口コミ（70%），テレビ広告（68%），ブランド・スポンサーシップ（67%），新聞広告（63%），雑誌広告（62%），看板・屋外広告（60%），登録型メールマガジン（60%），テレビ番組での情報提供（60%），映画上映前広告（59%），ラジオ広告（54%），オンライン動画広告（53%），モバイル広告（50%），ソーシャルネットワーク広告（50%），検索連動型広告（50%），オンラインバナー広告（48％），携帯電話のテキスト広告（42％）の順になっている．これらの結果から，オフラインの知人からの推薦やインターネット上の消費者の口コミは，従来型の広告媒体よりも高い信頼度を確保していることが確認された．さらに，知人の推薦やインターネット上の消費者の口コミに関する信頼度は，アジア太平洋地域だけではなく，北米，欧州，アフリカ・中東，中南米でも同様の調査結果であった．このように，従来型のメディアと新たなメディアの双方を活用する必要性が提示された．

4-3. 既存メディアとデジタル・メディアの統合戦略の必要性

上記で考察したように，紙媒体を中心とした既存メディアの衰退が顕著ではあるものの，既存メディアの信頼度は依然として高いことが確認された．したがって，デジタル時代のマーケティング・コミュニケーション戦略としては，デジタル・メディアやテクノロジーの活用だけでは，十分ではないことが明らかだろう．デジタル化できないヒューマン・コミュニケーションや顧客体験などがさらに，重要な差別化要素となる．

デジタル時代のマーケティングでは，企業と顧客間のオンラインとオフラインの相互作用を結合し，機械対機械の連結を人間対人間の接触によって補完し，顧客エンゲージメントを強化する．このように，デジタル・マーケティングが伝統的なマーケティングを完全に代替することはないだろう．一方，伝統的なマーケティングはブランドの認知度を高めるには有効であるが，顧客と企業間により親密な関係を構築するには，次節で詳しく述べる「デジタル・マーケティング」が重要となる（Kotler et al., 2016）．

図表1－2のように，デジタル・マーケティングが伝統的なマーケティングに代替することがないように，デジタル・マーケティング・コミュニケーションが既存のマーケティング・コミュニケーション・ミックスに代替することもないと考えられる．伝統的なマーケティングとデジタル・マーケティングを併用する必要があることから，コミュニケーション戦略も同様に，マス・メディアとデジタル・メディアを融合，または統合する必要性が出てきている．例えば，新規顧客を獲得するメディアとして，マス広告やPRを活用して認知度や関心を高めて，自社のホームページやECサイトへ誘引し，

図表 1－2　伝統的マーケティングとデジタル・マーケティングの役割

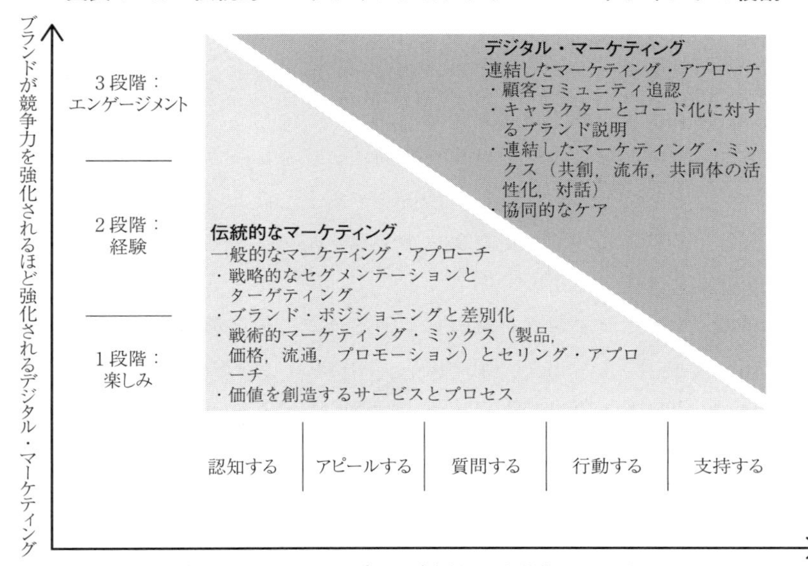

出所：朴（2017）
原典：Kotler et al.（2016）p.52.

デジタル・メディアによって顧客との関係性を高めることが考えられる．実際に，多くの通販企業では，テレビや新聞などをインバウンド・マーケティング[6)]の手段として活用し，電話やインターネットで顧客との関係性を深めるコミュニケーションを駆使していることが多い．したがって，今後は既存メディアとデジタル・メディアを統合するマーケティング戦略が必要であろう．

5．デジタル・メディアとデジタル文化

インターネットによって，これまでは情報の受け手だった消費者が，情報を仲間と共有し情報を拡散させる発信源ともなっていることは，マス広告や販売促進で対価を払いメディアを利用することに慣れている企業のマーケテ

ィング・コミュニケーション担当者にとっては，制御できないメディアとして認識される面もある．デジタル・マーケティングにおいては，企業はより顧客の目線で顧客の声に耳を澄まし，顧客とのコミュニケーションによってエンゲージメントを形成する必要がある．

デジタル・マーケティングとは，一般的にデジタル・メディアを使ったマーケティングとして知られている．Chaffey & Ellis-Chadwick（2016）の定義によると，デジタル・テクノロジーとデジタル・メディアを通してマーケティング目標を達成することである．

デジタル・マーケティングを牽引している企業の設立年度をみると，Amazon.com（1994年），Yahoo!（1995年），Alibaba（1999年），Skype（2003年），Facebook（2004年），YouTube（2005年），iPhone（2007年製品発売）であり，わずか20年でメディアだけではなく，これらの企業は社会全体にイノベーションを巻き起こしている．

デジタル・マーケティングの特徴とは，「デジタル・テクノロジー」と「デジタル・メディア」であり，デジタル・マーケティングは，顧客データやデジタル・テクノロジーを用い，新規顧客の獲得だけではなく，既存顧客を CRM の手法によってマネジメントし，顧客エンゲージメントを高める．さらに，そのプロセスにおいてデジタル・メディアを通じてコミュニケーションする．このようにデジタル・マーケティングは，マスではなく個々の顧客を対象としていること，企業と顧客間の双方向性コミュニケーションが可能なデジタル・メディアを使用すること，テスト結果を瞬時にマーケティング戦略に反映・修正して実行すること，顧客のデータを基盤とすること，認知度や好感度のような間接的な測定変数ではなく売上などの直接的な測定指標を有すること．などの特徴がある．そのため，ダイレクト・マーケティングと類似性がかなり高く，同義でとらえられる要因ともなっている．

デジタル・マーケティングを理解するためには，デジタル文化のコア価値を考察する必要がある．たとえば，デジタル・マーケティングのクリエイティブ（広告表現）は天才的なクリエイターによって作られるものではなく，データに基づいて度重なる試行錯誤の成果として作られるものである．さらに，アナログ時代には考えられなかった規模の企業内外のビッグデータを収

図表１－３　デジタル文化のコア価値

コア価値	基本的属性
創造性（creativity）	破壊的な，実験の，革新的な
平等（equality）	非階層的，フラット，平等主義
感情移入（empathy）	すぐ反応する，受容力のある，適応性のある
正直（integrity）	正直な，信頼できる，首尾一貫した
知識（knowledge）	分析に基づく，データに基づく
有効性（efficiency）	機敏な，積極的に促すような，目的のある
開放性（openness）	透明な，協力的な，真正の
ひとつであること（unity）	統合された，ホリスティックな，社会的に責任のある

出所：Kaufman & Horton（2014）

集・分析・解析し，そのデータによるマーケティング戦略を駆使することだけではなく，顧客データをマネジメントすることによって，顧客との関係性をより深めることができる．

マス・メディア時代とは異なって，デジタル文化はフラット化された平等主義に基づいている．地位や権力とは関係なく，誰もが平等に発言できるため，インターネット上のコミュニティの信頼性は，既存メディアを超える場合もある．一方で，デジタル時代では，実態がないものからイメージを形成することは難しい．これらのデジタル文化のコア価値をまとめたのが図表１－３である．

このようなデジタル・メディアの特徴を既存メディアと比較すると，以下の特徴がある．

第一に，デジタル・メディアには，情報を顧客に一方的に伝えることだけではなく，顧客のレスポンスを瞬時に確認することができる相互作用性がある．顧客にメッセージが届いているかどうかだけではなく，顧客からの反応や意見などのフィードバックを得られる．さらに，インターネット通販でみられるように，デジタル・メディア上で買い物をすることができるため，流通の役割も果たしている．

第二に，顧客カスタマイズができる．顧客から発信された情報を自動的に収集・分析することによって，個々の顧客をカスタマイゼーションすることができるのである．カスタマイゼーションされた顧客には，分析された情報をもとに，デジタル・メディアを活用して新たなコミュニケーションを仕掛けることができるので，その関係性をさらに深めることができる．

第三に，デジタル・メディアを活用したコミュニケーションのメリットは，既存のメディアと比べて，大きくコスト削減をできることであろう．インターネットを基盤としたデジタル・マーケティング・コミュニケーションは，テレビや新聞などのマス・メディアを用いる伝統的なコミュニケーションに比べて，そのコストがはるかに安い．

第四に，時間と空間を超えたコミュニケーションの実現である．デジタル・メディアを経由した顧客とのコミュニケーションは，時間と空間を乗り超えることができる．顧客がインターネットに接続できる状況であるなら，地域や国家，時間などに束縛されることはない．さらに，デジタル・テクノロジーを活用することによって，既存のマス・メディアに比べ，顧客の関心やニーズなどを正確に読み取ることができ，顧客の関心やニーズにマッチしたメッセージを発信することができる．

第五に，デジタル・メディアは，従来のマス・メディアのようなプッシュ型のメディアではなく，プル型のメディアである．既存メディアは情報を一方的に顧客に伝えることが主な機能だったが，デジタル・メディアは顧客が望む情報を提供する．顧客からの問合せや関心などから顧客と企業間の関係性が始まる．さらに，インターネット上の情報や経験などを求めている顧客にアプローチすることができる．デジタル・マーケティングの典型的な手法である「コンテンツ」は，顧客を引き付けるためのものである．このようなプロセスの中で，企業は顧客のレスポンスを集め，蓄積し，分析することができる．

6．デジタル時代のコミュニケーション戦略

デジタル時代のコミュニケーション戦略について考察してみると，以下のとおりである．

第一に，デジタル時代のセレブリティ・コミュニケーションにおいては，

コミュニケーションの受け手である消費者を中心としたメディア戦略が必要とされている．従来型のメディア環境下でマス広告を中心として成長したコミュニケーション戦略と，ソーシャル・メディアを中心とする新たなメディア戦略をどのようにバランスよく活用できるかどうかが課題である．図表1-2でも提示したように，伝統的なマーケティングとデジタル・マーケティングを統合，または結合するマーケティング戦略の必要性や，メディア戦略の観点からすると，コミュニケーションおよびマーケティング戦略の目的に合わせて既存メディアと新たなメディアをターゲット顧客の目線から活用できるメディア・ニュートラル的アプローチが必要であると考えられる．

第二に，既存顧客との関係性を意識した「カスタマー・エクイティ戦略」の必要性と，その関係性を管理するコミュニケーションの必要性である．既存の「セレブリティ」を活用したマーケティング・コミュニケーション戦略の多くは，従来型のマス・メディアを活用し，ターゲット顧客からの注意を引きつけることにフォーカスしたコミュニケーション設計や戦略になっていた．デジタル時代のセレブリティ・コミュニケーションには，顧客の注意を引き付けることだけではなく，既存顧客の関係性にフォーカスした戦略が必要になっている．そのためには，既存のマーケティング・コミュニケーション戦略の枠を超えた新たなコミュニケーション戦略が求められている．

第三に，フレキシブルなコミュニケーション組織の必要性である．デジタル・マーケティングは既存のマーケティングとは異なり，新たなメディアの活用だけではなく，デジタル・メディア特有の性質から，機敏な対応や戦略の柔軟性が求められる．さらに，既存の宣伝部や広報部に限らず，企業内の部署を横断した調整やマネジメントが必要である．その結果，従来型の組織ではうまく機能できない恐れがある．組織をまたがるフレキシブルなコミュニケーションのマネジメントが求められるのである．さらに，新たなメディアに馴染まない旧来のマネジメント層の抵抗感や限界も予想されるため，社内のコミュニケーション関連部署の組織構造をどのように構築するかは，新たなデジタル時代の環境下では重要な課題になるだろう．

第四に，ヒューマン・コミュニケーションの重要性である．デジタル時代のマーケティング・コミュニケーションの差別化は，デジタル・メディアやテクノロジーではない．むしろヒューマン・コミュニケーションである．つまり，デジタル化できないヒューマン・コミュニケーションや実際の顧客体験などが，重要な差別化要素になると考えられる．デジタル時代のマーケティングは，企業と顧客間のオンラインとオフラインの相互作用を結合し，機械対機械の連結を人間対人間のつながりによって補完し，顧客エンゲージメントを強化する．デジタル・マーケティングは伝統的なマーケティングを完全に代替することはできないのである．伝統的なマーケティングはブランドの認知度を高めるのには有効であるが，相互作用の進展によって顧客と企業間により親密な関係を構築するには，デジタル・マーケティングの重要性が高まる（Kotler et al., 2016）．伝統的なマーケティングとデジタル・マーケティングを併用する必要があることから，コミュニケーション戦略も同様に，マス・メディアとデジタル・メディアを融合する必要性がある．その中で，より個々の顧客の嗜好に合わせたヒューマン・コミュニケーションが求められている．1人ひとりの顧客を相手とするヒューマン・コミュニケーションは，デジタル・コミュニケーションよりも，情報伝達のスピードや顧客1人当たりのコストはかかるが，顧客への影響やその理解度は高い．一方的なデジタル・コミュニケーションでは得られない，フィードバックや効果測定の可能性などだけではなく，双方向性のコミュニケーションを実現することができる．

第五に，デジタル・メディアやテクノロジーの活用を中心としたコミュニケーションの登場によって，従来型のコミュニケーション理論を再検討する必要性が浮上した．広告理論のベースとなった説得型の古典的コミュニケーションの理論では，今日のデジタル・コミュニケーションを十分に説明できるとはいえない．例えば，インターネット上の口コミや顧客コミュニティだけではなく，コミュニケーション・メディア上の販売や顧客管理などのダイレクト・マーケティング，CRMなど，デジタル時代のマーケティング・コミュニケーションは既存のコミュニケーション理論の範囲をはるかに超えていることも確認された．したがって，既存のコミュニケーション理論を拡張してダイレクト・マーケティング，ソーシャル・メディア，顧客データ活用などを踏まえた理論として再構築する必要があるだろう．

7．まとめ

本章では，デジタル時代のこれからのマーケティング・コミュニケーションの課題とその方向性について検討した．その結果，コミュニケーションの受け手である顧客視点からのメディア戦略がより求められていることが確認された．さらに，メディアのデジタル化の中で，逆にデジタル化できないヒューマン・コミュニケーションや体験などの重要性についても確認した．すべてのメディアがデジタル化されても，あらゆるコミュニケーションの中心には我々人間がいる．そのため，デジタル・コミュニケーションだけではマーケティング・コミュニケーションは成り立たない．人間を中心とするコミュニケーションはテクノロジー，コミュニケーション手段，メディアの変化にかかわらず，その重要性は変わらないだろう．したがって送り手である企業には，顧客視点からのより人間を中心としたコミュニケーションが求められるだろう．

〈注〉
1）American Marketing Association（2017）.
2）「日本経済新聞」2013年12月8日付朝刊「『4P』の誕生―商業活動の理念構築」『私の履歴書』.
3）2017年3月に行ったMooijとのインタビューによる．
4）「日本経済新聞」2016年8月24日付朝刊．
5）netizen. インターネット上で活動する人．
6）顧客が企業のウェブサイトやコンテンツなどをみることによって，当該企業の商品やブランドに関心を持たせるマーケティング．

セレブリティ・コミュニケーションの理論Ⅰ—情報源モデル理論—

1．はじめに

日本の広告には，アメリカやヨーロッパとは比較にならないくらいセレブリティを起用したものが多い．セレブリティを起用しているセレブリティ広告は，マーケティング・コミュニケーション戦略の中でも最も有効なものの1つとして，今日に至るまで認識されている．国内におけるセレブリティ・コミュニケーションは，例えばCMの15秒または30秒という短い時間の中で，消費者の注意を引きつけ，ブランドや企業に対する好感度を高め，それをブランディングと購買に結びつけることを，主な目的としていることが多い．日本においてセレブリティ広告が多い要因の1つとして，梶（2001）は流通チャネルとの関連性も指摘している．

セレブリティ広告は，認知度アップを目的としたコミュニケーション戦略にとどまらず，ブランド，流通，価格戦略などとも深く関連している．例えば，セレブリティによる価格戦略では，高級感を連想させるセレブリティを起用することで高級ブランドとして位置付けることができ，当該ブランドへの価格プレミアムが享受できる．

セレブリティの効果を解き明かすための学術的な試みは，Hovland & Weiss（1951）のグループが中心となって行った情報源信憑性研究から始まり，広告だけではなく社会心理学やコミュニケーション学の主要理論をベースに活発な研究がなされるようになった．一方国内では，梶（1975）の先駆的な研究以来，筆者による一連の研究まであまり注目されない領域だった[1]．その要因として，広告業界の認識不足による「セレブリティに関する研究はクリエイティブの領域だ」という考えのほか，1970年代後半以降，セレブリティ広告が当たり前になってしまったことがあるだろう．しかし，国内のCMではアメリカよりも遥かに多くセレブリティ広告がクリエイティブとして使用されていることに加え，メディアのデジタル化やソーシャル化によって，セレブリティ・コミュニケーションの全体像を解き明かすことが可能となり，その体系化と戦略的な方向性を提示する必要性が高まっている．

セレブリティ・コミュニケーション効果の主要理論としては，①情報源信憑性モデル（source credibility model），②情報源魅力モデル（source attractiveness model），③マッチアップ仮説（match-up hypothesis），④意味移転モデル（meaning transfer model）が挙げられる．一方，セレブリティ・コミュニケーションの効果を説明できる社会心理学やコミュニケーション関連の理論としては，①社会的影響（social influence），②古典的条件付け（classical conditioning），③スキーマ（schema），④バランス理論（balance theory），⑤認知不協和（cognitive dissonance），⑥コミュニケーションの二段階の流れ（two-step flow of communication）などが挙げられる．

図表2-1　コミュニケーションのプロセスにおける
セレブリティ・コミュニケーション効果の主要理論

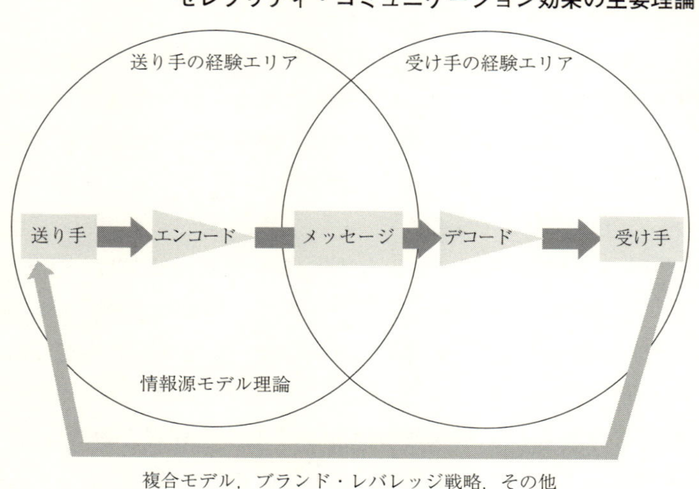

第1章で考察したように，コミュニケーションの根底にはアリストテレスの「修辞学」の伝統があり，マーケティング・コミュニケーションは，相手を説得する「説得コミュニケーション」としてみなされてきた．それゆえ，「送り手」と「受け手」の間でその情報を共有しているといえる．そしてコミュニケーション・プロセスの要素としては，送り手，メッセージ，メディア，受け手がある．図表2－1のように，マーケティング・コミュニケーションの成果は，「送り手（情報源）」，「メッセージ」，「受け手」などの要因によって影響される．情報源モデル理論では，コミュニケーションの送り手である情報源からの影響によって，効果が左右されることになる．そのため，セレブリティ・コミュニケーション戦略を構築する際，受け手に人気があり，魅力的で，専門性が高く，信頼できるセレブリティであるかどうかによって，コミュニケーションの効果が左右されることに留意する必要がある．本章ではまず，コミュニケーションにおける情報の送り手要因を扱う情報源信憑性モデル，情報源魅力モデル，社会的パワー（social power）理論を，そして次章では複合モデル，その他として分類し，考察する．

2．情報源モデル理論

セレブリティ・コミュニケーション効果に関して理論的なベースとなる情報源モデル理論は，1950年代から1960年代に構築された．その基となったのは，社会心理学の「説得による態度変容」に関する情報源研究である．アメリカのイェール大学のHovlandを中心にして始まった情報源モデルに関する研究は，学習心理学分野の研究者だったHovlandが，第二次世界大戦中に陸軍の兵員教育におけるマス媒体としての映画の有効な利用法に関する研究に参画したことから始まる．Hovlandは，この戦時中の経験が契機となり，第二次世界大戦後，コミュニケーションによる態度の変化，影響過程に関する基礎的な問題の実験的解明を目指して研究グループを組織し，研究したのが，情報源研究の源流となったという[2)]．以下，情報源信憑性モデル，情報源魅力モデル，社会的パワー理論の順にみていく．

2-1. 情報源信憑性モデル

近年，テレビのニュースキャスターが政界入りすることは，国内外を問わず珍しくない．さらに，各政党もニュースキャスター出身者を積極的に取り込もうとしている．このような現象の背景には，ニュースキャスターが持っている信憑性（credibility）を利用しようとしていることがあるのではないかと思われる．テレビの視聴者は，テレビ番組の中で最も客観性が高いニュース番組において進行を司どるニュースキャスターに，自然と信憑性があると感じるようになる．ニュースキャスターとして築かれた信憑性は，政治の場では有権者を説得するのに有効な手段となるだろう．

このように信憑性の高い人からの情報は，内面化（internalization）プロセスによって，受け手の信念，態度，行動に影響を及ぼす．受け手はこれらの情報は正確であると信じるため，信頼できる送り手であるそのセレブリティが伝える情報を受容する際に，その情報は「内面化」されることになる．受け手によって一度内面化されると，そのメッセージは受け手の信念体系に統合され，メッセージ自体は忘れるかもしれないが，その内容は維持されることになる．さらに，企業やブランドなどにネガティブな態度を有する「受け手」に対しては，送り手の信憑性は重要である（Belch & Belch, 2014）．信憑性に関する研究は，セレブリティ広告の効果に関する研究の中でもその歴史が最も長い．情報源信憑性モデルは，社会心理学の研究から始まった（Hovland & Weiss, 1951）．Hovland らは，コミュニケーションの有効性に関して，送り手の信憑性に注目している．つまり，受け手が送り手の信憑性に関してどのくらい信用しているかが，コミュニケーションの有効性を左右するという．しかしながら，Hovland & Weiss（1951）の調査結果によると，信憑性が高い送り手の説得効果は時間の経過とともに減少し，信憑性が低い送り手による説得効果と殆ど差がなくなるという．Hovland & Weiss（1951）は，この効果をスリーパー効果（sleeper effect）と名付けた．

Ohanian（1990）は，幅広い文献研究とそれを基にした実証の結果，情報源信憑性を魅力（attractiveness），信頼性（trustworthiness），専門性（expertise）という 3 つの要素で構成されていることを明らかにした．なお，Ohanian（1990）が整理した従来の情報源信憑性の尺度を確認してみると，

図表2－2のようになる．

Ohanian（1991）は，情報源信憑性の要素である魅力，信頼性，専門性という3つの要素が購買意図に及ぼす影響を検証し（図表2－3），情報源の「魅力」と「信頼性」よりは，情報源の「専門性」のほうが一貫して購買意図に影響を及ぼしていることを明らかにした（図表2－4）．

Pornpitakpan（2003）は，Ohanian（1990）が提案したセレブリティの情報源信憑性モデルを確かめる調査を行った．この調査はシンガポールの大学

図表2－2　情報源信憑性尺度

著者	尺度
Applbaum & Anatol（1972）	信頼性（trustworthiness） 専門性（expertise） 力動性（dynamism） 客観性（objectivity）
Berlo, Lemert & Mertz（1969）	安全性（safety） 資格性（qualification） 力動性（dynamism）
Bowers & Philips（1985）	信頼性（trustworthiness） 能力（competence）
DeSarbo & Harshman（1985）	専門性（expertise） 魅力（attractiveness） 信頼性（trusutworthiness） 好感（likability）
McCroskey（1966）	権威（authoitativeness） キャラクター（character）
Simpson & Kahler（1980, 1981）	信用（believability） 力動性（dynamism） 専門性（expertness） 社交性（sociability）
Whitehead（1968）	信頼性（trusutworthiness） 能力（competence） 力動性（dynamism） 客観性（objectivity）
Wynn（1987）	専門性（expertness） 力動性（dynamism） 信用（believability） 社交性（sociability）

出所：Ohanian（1990）p.40

図表 2－3　購買意図と魅力・信頼性・専門性との関係

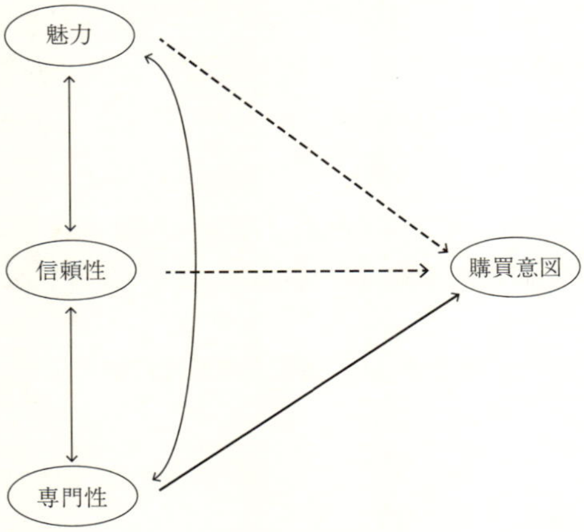

魅力
信頼性
専門性
購買意図

出所：Ohanian（1991）p.51を基に加筆修正

図表 2－4　魅力・信頼性・専門性が購買意図に及ぼす影響

セレブリティ（調査対象製品）	個人使用			ギフト		
	魅力	信頼性	専門性	魅力	信頼性	専門性
リンダ・エバンズ（香水）	0.297	－0.124	0.466**	0.178	0.054	0.444**
マドンナ（ジーンズ）	0.215	－0.177	0.711**	0.224	0.001	0.56**
ジョン・マッケンロー（テニスラケット）	0.061	0.147	0.394**	0.214	－0.034	0.451**
トム・セレック（メンズコロン）	0.045	0.146	0.461**	0.173	0.148	0.574**

** $p<0.01$
出所：Ohanian（1991）p.52を基に加筆修正

生880人を対象とした．事前の予備調査を通じて，男性セレブリティは俳優のジャッキー・チェンとチョウ・ユンファを，女性セレブリティは歌手・女優のフェイ・ウォンと女優のゾーイ・テイを選定した．情報源信憑性モデルの調査対象変数は，Ohanian（1990）の研究と同様に，魅力，信頼性，専門性にした．調査の結果，Ohanian（1990）の情報源信憑性モデルが，シンガポールの消費者においても妥当性があることが確認された．このように，受け手が情報源であるセレブリティを信頼できると判断すると，内面化という心理的プロセスによって態度が変容する（Kelman, 1961）．

2-2. 情報源魅力モデル

憧れの美しい女性タレントが起用された化粧品やシャンプーなどの CM，また格好いい男性タレントが出演した自動車の CM は，典型的なセレブリティ広告であろう．これらの広告の中で，女性タレントの身体的魅力を強調した化粧品 CM は特に多い．

身体的魅力は，受け手である消費者に注目されやすい．さらに，憧れている身体的魅力のあるタレントが登場している CM の化粧品を購買して消費することによって，憧れのセレブリティのように美しくなるという，一種の一体感を感じることができるだろう．身体的魅力とは，外見による魅力であり，対人魅力の重要な要素である．身体的魅力は，身体だけの評価だけではなく，性格，能力，知力などのその他の評価も高くするハロー効果をもたらす．説得研究でも，送り手が魅力のある人である場合に，その説得効果は大きいとされており，情報源の魅力はセレブリティ広告の重要なモデルとして位置付けられている．

Baker & Churchill（1977）は，広告における男・女モデルの身体的魅力が，広告と製品評価へ与える影響を調査した．調査の結果によると，被験者は異性のモデル（男性被験者は女性モデル，女性被験者は男性モデル）の広告を評価していることが分かった．さらに，身体的魅力のあるモデルが登場する広告を評価していることも明らかになった．これらの調査により，広告モデルの性別と身体的魅力は効果的であることが示された．

Debevec & Kernan（1984）は，セレブリティの性別と身体的魅力の有無が受け手に与える影響を，被験者の性別ごとに実証した．この調査から，身体的な魅力は有効的なコミュニケーションの要素であることが明らかになった．さらに，男性は，身体的な魅力のある女性モデルを起用するほうが，魅力のある男性モデル，一般的な男性モデル，またはモデルがない広告よりも効果的であることが分かった．一方女性は，魅力のある男性モデルは有意ではなかった.

とはいえ，身体的魅力のあるモデルの起用が必ずしも好ましい広告効果を保証するわけではない．むしろ，ネガティブな効果を広告に及ぼす恐れも存在する．例えば，とても綺麗な容姿の女性モデルを起用すると，女性消費者は自分の外見と比較してしまい，ネガティブな影響を及ぼすこともありえる.

西洋の心理学では，身体はアイデンティティの一部とみなされるため，身体的特徴の尊重は，自尊心に関連しており，身体的に魅力的な人には，より望ましい特徴があると考える．何が身体的魅力を構成するのかに関する調査のほとんどは，西洋社会で行われた．しかし，アメリカにおけるほとんどの調査は，女性の身体的魅力が厳密な選択基準で判断されるため，自己批判につながる傾向がある．典型的なアメリカ人女性は，自分の身体に対する不満を人生の早期から口にし始め，成年になるまでいい続ける．望ましい外見は，より大きな自尊心につながるというのが一般的な見解である．このような問題から，ユニリーバはダヴの世界的な「リアルビューティー（本当の美)」キャンペーンを展開し，モデルなどではない普通の一般女性を出して，本当の美は内面にみつけることができるとした．つまり，すべての女性には美しく感じる価値があるということである．ここでのメッセージは，「本当の美は，ファッション・モデルだけによって表現されるものではない」ということである．ユニリーバは，さまざまな国で身体的な魅力に関する女性の自己描写と意見についての調査を発表した（Mooij, 2014).

自分には身体的魅力がないと思う一般人女性を起用し1億人の共感を得た，ダヴの「リアルビューティースケッチ」というCMは，最も典型的なケースであろう．「リアルビューティー」とは，すべての女性はその人なりの美しさを持っているのだから，その自分なりの美しさを大切にしようという，ダヴ・ブランドの美に対する意思，姿勢，志向性である．その「リアルビューティー」が世界の広告界で一躍有名になったのは，「エボリューション」と名付けられたCMが数々の賞を受賞した2007年からであるという（佐藤，2015).

「リアルビューティー」キャンペーンの「リアルビューティースケッチ」

を具体的にみてみよう（図表2－5）.

①FBIの似顔絵捜査官であるジル．ブロンドの女性フローレンスに彼女自身の顔について質問し，ジルはフローレンスの顔を直接見ることなく彼女の答えだけを基に似顔絵を描き上げていく．②ブロンドの女性フローレンス．ジルが何をしているか知らされていなかったフローレンスも，質問内容からジルが自分の似顔絵を描いていることに気が付く．ジルが輪郭について聞くと，フローレンスは「母は私の顎は大きいといってたわ」と答えた．

③続いてジルは，事前にフローレンスと対面したクロエにフローレンスの顔の特徴について聞きながら，フローレンスの似顔絵を描いていく．フローレンスの顎についてクロエは，「細くて素敵な顎だった」と話す．④出来上がった2枚の絵は全く異なっていた．フローレンス自身もその差に驚く．また，ジルがフローレンスに「自分が証言した絵より，実際の自分のほうが美しいか」と聞くと，「はい」と答える．これが「リアルビューティースケッチ」の内容である．

このキャンペーンは，一般女性の美に注目しただけではなく，ソーシャ

図表2－5　ダヴCM「リアルビューティースケッチ」

画像提供：㈱東映エージェンシー

ル・メディア時代のクリエイティブ戦略としても注目すべきであろう.

情報源魅力モデルも情報源信憑性モデルと同様に，社会心理学にその研究起源があり，情報源魅力モデルで最も研究された分野は，類似性（similarity），親近感（familiarity），好感（likability）である（McGuire, 1985）. 類似性とは情報源と受け手間の似ている程度であり，親近感とは受け手に対して情報源が露出することによって得られるものであり，どれくらいの馴染みがあるかを示す．また好感とは，情報源の身体的あるいは行動的要素などにどれだけ好意を持つか，つまり受け手のセレブリティに対する愛情（affection）を表している．情報源魅力モデルは，情報源の魅力だけではなく，情報源との類似性にも注目している．情報源の魅力と説得力は，受け手が情報源との類似性を認識すればするほど高まる（深田，2002）．それゆえ，メッセージの効果は推薦者の類似性，親近感，好感に依ると主張した.

近年，国内のCMでの，世間一般に評価される身体的魅力とは異なる，マツコ・デラックス，渡辺直美[3]，ブルゾンちえみなどの活躍も，「身体的魅力」だけの限界を示し，親近感や好感の重要性を示している．これまで例えば「細い」，「色白」，「目が大きい」というような世間一般の美の基準に合致した「身体的魅力」だけを追求してきた企業のコミュニケーション戦略に対する，反動効果として解釈することもできるだろう.

2-3. 社会的パワー理論

情報源効果はコミュニケーションのプロセスにおいて，「送り手」の社会的パワーによって左右される．「社会的パワー」に関するパワーのタイプを体系化したのはFrench & Raven（1959）である．「社会的パワー」の基礎となるのは，「送り手」と「受け手」の関係であり，そのタイプを以下の5つに分類した[4].

まず，報酬パワー（reward power）は，「送り手」が「受け手」に報酬をもたらす能力を持っていると「受け手」が認識することに基づく．次の強制パワー（coercive power）は，「送り手」が「受け手」への罰をもたらす能力を持っていると「受け手」が認識することに基づく．3つめの正当パワー（legitimate power）は，「受け手」のとるべき行動を支持する正当な権利を

「送り手」が持っていると，「受け手」が認識することに基づく．4つめの準拠パワー（referent power）は，「受け手」の「送り手」に対する同一視の傾向に基づく．最後に，エキスパートパワー（expert power）は，「送り手」が特殊な知識や専門的能力を持っていると「受け手」が認識することに基づく．なお，これらの「送り手」のパワーは，その強さ，範囲，依存の程度などに影響されることになる（French & Raven, 1959；林，1987）．

3．情報源の特徴

セレブリティのタイプや人口統計学的特徴も，コミュニケーションの効果に影響を及ぼす．Friedman, Termini & Washington（1976）は，広告における4つの推薦者タイプ（セレブリティ，一般消費者，専門家，社長）によって，予想販売価格，信頼，味，購買意図がどう影響されるかを調査した．調査の結果，予想販売価格，信頼には推薦者のタイプは有意に影響しないものの，味と購買意図は推薦者のタイプによって影響されることが明らかになった．この調査の結果から，広告に推薦者を用いることはおそらく価値あることだと指摘している．

Atkin & Block（1983）は，セレブリティによる広告は，非セレブリティによる広告より好ましい効果が得られることを明らかにした．有名なセレブリティが効果的である理由として，セレブリティは魅力的かつ好ましい力動的な存在であると以前からみなされていること，セレブリティの名声によって製品またはブランドに注目を集めることができること，という2点を挙げている．つまり，セレブリティ広告は非セレブリティ広告よりも好ましい感情を引き起こすことが分かった．しかしながら，広告への信用に関しては非セレブリティのほうがより効果が高かった．セレブリティが推薦する酒類の広告は13歳から17歳までの未成年者にかなり影響していることが分かったものの，一方で18歳から77歳の成人には限定的な影響しかなかった．

Freiden（1984）は，推薦者のタイプ（セレブリティ，社長，専門家，一般消費者）×性別（男，女）×消費者の年齢（学生，社会人）を対象に調査した．調査の結果，推薦者のタイプと消費者の年齢は消費者の反応に影響するものの，性別は影響しないことが明らかになった．

また Deshpandé & Stayman（1994）は，セレブリティの民族的特性の影響を調査した．調査地としてはアメリカのテキサス州のサンアントニオとオースティンを対象に行われた．なお，オースティンはヒスパニックが少数派（minority）であるが，サンアントニオでは多数派（majority）である．調査の結果，オースティン在住の少数派のヒスパニック系のほうが，サンアントニオに在住する多数派のヒスパニック系よりも，ヒスパニックのセレブリティがより信頼できると感じていた．

4．情報源の効果に関する理論

深田（2002）は，情報源の効果に関して，①内容学習理論（content learning theories），②内容評価理論（content evaluation theories），③内容受容理論（content acceptance theories），という3つの理論によって説明している．その内容は，①「内容学習理論」によると，情報源の信憑性が高いほど，情報源が魅力的であるほど，そして情報源のパワーが大きいほど，メッセージ内容への受け手の注意・注目と理解・学習が促進されるという．②「内容評価理論」では，情報源の信憑性，魅力，パワーが大きくなるほど，受け手はメッセージ内容に対して好感・関心を高め，メッセージ内容を肯定的に評価すると仮定する．③「内容受容理論」は，情報源の信憑性，魅力，パワーが大きくなるほど，メッセージ内容に対する反論の量が少なくなり，メッセージの結論の受容が促進されるという．

認知反応的研究（congnitive response research）は，情報源の信憑性と専門性を高めると，メッセージに対する反論が減少するという（深田，2002）．

Kelman（1961）によると，態度変容は内面化（internalization），同一視（identification），追従（compliance），という3つのプロセスによって生じるという．この理論をベースに情報源モデルをまとめたものが図表2-6である．

図表2-6　情報源モデルの理論

送り手の属性	送り手の次元	受け手のプロセス	結果
1．信憑性	専門性 信頼性	内面化	態度変容
2．魅力	類似性 親近感 好感	同一視	
3．パワー		追従	

出所：Andrews & Shimp（2017）を基に加筆修正
注：魅力とは，身体的，知的，パーソナリティ，ライフスタイル，アスリートなどがあげられる．

5．まとめ

本章では，セレブリティ・コミュニケーション戦略における情報源の効果に関する理論について考察を行った．第2節では，社会心理学の態度変容に関するHovlandらによって始まった情報源モデルから出発し，コミュニケーションの「送り手」要因から情報源の効果を検討した．まず，信憑性の高い「送り手」からのメッセージの説得効果を明らかにしたのが「情報源信憑性」モデルである．「情報源魅力」モデルでは，「送り手」の魅力によって，その説得効果は左右されることが示された．ただし，魅力による訴求は，場合によってはその効果が発揮できないこともある．そして，「社会的パワー」理論では，コミュニケーションのプロセスにおける「送り手」の社会的パワーによって，情報源効果が左右されることを体系化した．

情報源信憑性モデルと情報源魅力モデルは，セレブリティ広告の効果を体系化するには有効なモデルであるものの，いくつかの限界があると考えられる．

まず，広告における「送り手」がセレブリティだけに限定されていることである．情報源モデルは社会心理学や説得コミュニケーションの研究から派生したために，マーケティング・コミュニケーションにおけるセレブリティの効果を説明するのに適した理論であるが，送り手要因がセレブリティだけではないことを看過してはならないと考える．

「受け手」視点を中心としたコミュニケーションの観点からすると，セレブリティ広告における「送り手」はセレブリティだけではなく，背景などのビジュアル的要素や音楽などを含め，受け手が知覚できるすべての要素が送り手要素になる．したがって，本来「送り手」要因として考慮されているのは，出演しているセレブリティだけではなく受け手の視点からのすべての要素であり，例えば製品，ブランド，映像，音楽，他の登場人物，背景なども含まれる．　さらに，情報源モデルの効果は，メディアや受け手の属性要因（性別，年齢など）に左右されることが多い．

上記のような情報源モデルの限界を克服するために，1980年代以降からは，複合モデル（マッチアップ仮説と意味移転モデル）が登場することになる．次章では，この複合モデルについて説明する．

〈注〉

1）1990年代後半からは，小泉（1999），プラート（2000），野澤（2000）の単発的な研究がある．セレブリティ・コミュニケーションに関連する体系的な研究成果としては，2009年からの筆者の研究となるだろう．

2）*Communication & Persuasion: Psychological Studies of Opinion Change*（Hovland, Janis & Kelley, 1953）の訳書『コミュニケーションと説得』の序文によるものである．さらにその背景には，1950年から選挙にテレビが利用されるなど，1930年後半以降のマス・メディア（主にテレビ）環境の変化があることも見逃せない．

3）渡辺直美が出演したビオレ・ボディケアのCMが，４カ月連続でCM好感度調査化粧品部門１位になった．『CM INDEX』2017年７月号．

4）彼らは，影響を与える側と影響を受ける側と記述しているが，本書では「送り手」と「受け手」とする．影響を受けるのは人間であるが，影響を与える側は，人間のこともあれば，役割，規範，集団，派閥といった抽象的なものの場合もある（林，1987）．

セレブリティ・コミュニケーションの理論Ⅱ—複合モデル理論—

1. はじめに

前章でも述べたが，社会心理学的観点から出発した情報源モデル（情報源信憑性モデル，情報源魅力モデル，社会的パワー理論）は，セレブリティ・コミュニケーションの効果を体系化するには有効なモデルであるものの，いくつかの限界があると考えられる．

まず，コミュニケーション・プロセスにおける「送り手」がセレブリティだけに限定されていることである．「送り手」はセレブリティだけではなく，ビジュアル的要素や音楽などを含め，受け手が知覚できるすべての要素が「送り手」要因である．したがって，「送り手」要因として考慮されるものには，セレブリティだけではなく，製品，ブランド，映像，音楽，他の登場人物，背景なども含まれる．さらに，実際的なマーケティング・コミュニケーションに影響を及ぼすものとして，「送り手」，「メディア」，「受け手」の属性などもある．

このような情報源モデルの限界を克服するために，1980年代以降からは，複合モデルが登場することになる．筆者は，セレブリティ・コミュニケーション研究における複合モデルとは，情報源モデルが持っている限界を克服し，複数の情報源間，またはその効果のプロセス間のシナジー効果によって，セレブリティ・コミュニケーションの効果を考察する研究と定義する．代表的なモデルとしては，マッチアップ仮説と意味移転モデルが挙げられる．本章では，まず第2節において，マッチアップ仮説について考察する．つづく第3節では，意味移転モデルについて述べ，ブランド構築におけるセレブリティの役割などを考察する．第4節では，セレブリティを用いたブランド・レバレッジ戦略の必要性を提示する[1)]．

2．マッチアップ仮説

2-1．マッチアップ効果の検証

マッチアップ仮説（match-up hypothesis）とは，セレブリティが持っているイメージと製品ならびにブランドの特性とが一致する際に，当該製品およびブランドに対する評価を強める，というものである．

セレブリティによって伝達されるイメージと製品の特性とが釣り合う場合，効果的であることが先行研究により示されている（Baker & Churchill, 1977; Friedman & Friedman, 1979; Kahle & Homer, 1985）．特に，身体的な魅力と製品との関連性についての研究が多くなされた（Kahle & Homer, 1985）．

例えば，身体的な魅力がある女性または男性モデルを起用し，その魅力と関連性を持たせる化粧品の広告には，受け手（消費者）が当該製品を使用することによって，広告に登場したモデルのような魅力ある人になりうるというメッセージが含まれていると思われる．これまでの主要な先行研究を考察すると，以下のとおりである．

Kahle & Homer（1985）は，社会適応理論（social adaptation theory）を用いて，マッチアップ仮説を説明している．社会適応理論によると，顕著性のある情報は処理されることがあるが，その影響は情報の適応的重要性によって，その効果を決定するという．さらに，社会適応理論と精緻化見込みモデル[2)]が異なる点は，社会適応理論では基本的に高関与製品か低関与製品かにかかわらず同じ方法で情報は処理されるものの，低関与製品の場合だけは情報処理プロセスが早く終了することである．

Kamins & Gupta（1994）は，マッチアップ仮説の観点からセレブリティと製品間の適合に関する実証研究を行った．セレブリティと非セレブリティ，高い適合の製品（パソコン）と低い適合の製品（運動靴）の組み合わせで実験をした．調査の結果，セレブリティと製品間の適合性が高い場合には，広告主とセレブリティの信用，魅力，そしてポジティブな製品態度をもたらすことが分かった．

Lynch & Schuler（1994）は，セレブリティと製品の適合性に関して，スキーマ理論を用いてマッチアップ効果を検証した．スキーマとは認知心理学の用語であり，過去の経験を蓄積，体系化し，背景知識としてその後の知覚と経験を導くような心的構造のことである．この研究の目的は，セレブリティと製品のどのような一致が，セレブリティと製品のスキーマに影響するのかを明らかにするところにある．スキーマ理論は，なぜマッチとミス・マッチがブランド，セレブリティ，広告に対する消費者反応に変化をもたらすかを分析するのに有効な枠組みであるとしている．

2-2. 適度な不一致の効果

マッチアップ仮説のように，セレブリティと製品間の一致は効果的である一方，面白くないクリエイティブになる恐れも存在する．例えば，身体的魅力のある綺麗な女性セレブリティが起用された化粧品の広告は，誰もが予想できる展開であり，視聴者の注目を引き付け関心を持たせるには，限界があると指摘されることもある．視聴者の頭の中に引っかかるクリエイティブのためには，適度な不一致があるほうが効果的である場合がある．

Lee & Thorson（2008）は，セレブリティ・イメージと製品イメージ間の適度な不一致の効果を実証したが，セレブリティ・イメージと製品イメージ間に適切な関係を構築するプロセスが重要であることが明らかになった．また，セレブリティと製品のイメージの適度な不一致が，完全な不一致や完全な一致よりも購買意図に好ましい影響を及ぼすことが明らかになった．さらに，完全な一致は完全な不一致より説得力があることが判明した．ただし，完全な一致によって引き出された購買意図に対するポジティブな反応は，適度な不一致よりは強くなかったという．一方，広告態度とブランド態度に対する，セレブリティと製品イメージの適度な不一致と完全な一致には，有意な差はなかった．

適度な不一致のあるセレブリティ広告が，当該広告に関する興味と好奇心を押し上げると，適度な不一致が効果的であることが実証される．セレブリティと製品のイメージの完全な一致は典型的すぎるため，十分に感情を引き出すことができない場合があるのだと思われる．なお，適度な不一致を解消するプロセスは，完全な不一致の際には起こらないという．

Lee & Thorson（2008）によると，消費者は中間的なレベルの刺激が最も快適で満足するため，それらの刺激を評価し好む傾向があるという．一方，不一致の度合いが適度のレベルを超える場合には，それらが刺激の処理を遮断してしまう恐れがあると指摘している．これらの調査の理論的背景は，スキーマ理論からも説明できる．消費者が不一致によって動機付けられ，広告を入念に検討する際にだけスキーマ一致の効果が表れることは，注目すべき点である．また，被験者の製品関与が高い場合のほうが，セレブリティ・イメージと製品イメージ間のリンクを理解しようと，認知的努力をすることも分かった．広告主に対するインプリケーションとしては，セレブリティの特徴よりは，セレブリティと製品間の考えうるイメージの組み合わせを評価することが必要であると提示している．広告主の課題は，一致効果を最大化できる消費者の製品関与レベルをどう識別するかだろう．さらに，製品・サービスの評価をより好ましくするために，これらをメディア・プランニングやクリエイティブにどのように組み込むかが課題であると指摘している．

2-3. マッチアップ仮説の課題

これまでの「マッチアップ仮説」を整理してみると，セレブリティと企業やブランドの関係を考察したものが多く，セレブリティと受け手間，つまり企業やブランドと受け手間のマッチアップに関する議論はあまり注目されてこなかったといえる．

セレブリティの起用を検討する際に，受け手である消費者とセレブリティの「類似性」にも注目する必要がある．一般的に，人々は自分と似ている，または自分に合う，などと感じるセレブリティに大きく影響される．消費者が，広告に起用されるセレブリティと自分が類似したニーズ，目標，関心，ライフスタイルを持っていると知覚すると，そのセレブリティの起用効果は一段と高まるだろう．例えば，スポーツ関連ブランドなどは，本人が好きなスポーツのアスリートが起用されるとより効果的である．さらに，このような「セレブリティ」と「受け手」間の類似性は，共感する状況を作り出す際にも利用され，広告主は生活の一部分を見せる広告の中で採用することが多い．「セレブリティ」と「受け手」である消費者の関係性を高めることも有効であろう（Belch & Belch, 2014）．

3．意味移転モデル

3-1．意味移転モデルの検証

セレブリティと商品やサービスの意味に注目したのが，McCracken（1989）である．McCracken（1989）は，セレブリティ広告研究の主流であった情報源信憑性モデルと情報源魅力モデルの限界に注目して，意味移転（meaning transfer）モデルを提案した．

McCrackenが提案した意味移転モデルによると，セレブリティ広告の有効性は，そのセレブリティが既に持っている文化的意味（cultural meanings）に由来するという．文化的意味とは，具体的には受け手である消費者が抱いているセレブリティのイメージを指す．

例えばタレントが持っている文化的意味とは，そのタレントがドラマの中で役を演じることによってドラマの視聴者からみてそのタレントにある意味を持たせることである．例えば，常にサスペンス・ドラマで正義感の強い刑事を演じた俳優は，視聴者に正義感のある人とみなされる．

意味移転モデルでは，セレブリティが持っている意味が，セレブリティから製品に，そして製品から消費者に移転される3段階のプロセスを紹介している．セレブリティによる推薦は，意味移転プロセスで重要な役割を果す．意味移転プロセスは，文化（culture），推薦（endorsement），消費（consumption）の3つの段階に区分され，これらの3つの段階を経て意味が移転されることを明らかにした．まず文化の段階でセレブリティの意味（イメージ）が形成され，推薦の段階ではその意味がセレブリティから製品に移転されて，最後に製品から消費者に移転されるというプロセスをたどる．図表3-1は意味移転モデルを図式化したものである．

セレブリティに含まれた意味の数とバラエティーは，非常に大きい．例えば，パーソナリティやライフスタイルだけではなく，身分や地位，性別，年

図表３－１　意味移転モデル

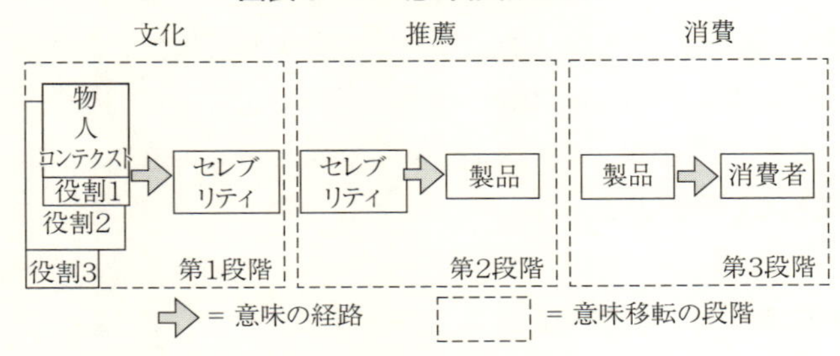

出所：McCracken（1989）を基に加筆修正

齢などもセレブリティに関わる「意味」である．これらの中のある１つの意味とセレブリティが強く結びついているように見えても，実は意味の集合が相互連結されているとした．情報源モデルではセレブリティの中のただ１つの情報源にこだわっており，セレブリティを複合的な意味の集合体としてはとらえていなかった．

意味移転モデルの意義は，Hovlandから始まった情報源モデルが持っていた限界から，セレブリティが持っている複数の意味に注目したことである．そして意味がセレブリティから製品に，製品から消費者まで，移転される全体的プロセスを究明した．

意味移転モデルでは，意味という文化的パースペクティブから考察枠組みを提示した．セレブリティのモデルは一般人のモデルと比べると，そのセレブリティが持っているパーソナリティやライフスタイルなどの，ほかのモデルが持っていない文化的な意味を消費者に移転させることができる[3)]．

意味移転モデルを実証したLangmeyer & Walker（1991）は，歌手のシェール（セレブリティ）はその象徴的意味（symbolic meaning）を，スカンジナビアン・ヘルス・スパ（推薦した製品）に移転するという．調査結果は，調査対象セレブリティであるシェールが持っている象徴的意味（セクシー，魅力的，健康など）が，製品に移転されることが実証された．一方，推薦していない製品であるバスタオルには，その意味が明確に移転されなかった．

3-2. ブランド・コミュニケーションにおける意味移転モデル

ブランド・コミュニケーションにおける意味移転モデルを考察してみよう．朴（2009c）は，セレブリティの意味移転モデルに焦点を合わせ，従来の意味移転モデルをブランド・コミュニケーションの観点から再構築し，実際のブランド・コミュニケーションに応用できる新たな意味移転モデルの可能性を実証した．その分析結果をまとめたのが図表3-2である．

分析結果の媒体接触時間からセレブリティの文化的意味への影響をみると，テレビから文化的意味へのパスは有意となり（0.084，$p<0.05$），テレビの視聴時間が長くなるほど，セレブリティの文化的意味の程度も高くなることが明らかになった．一方，新聞（0.056，$p>0.05$），ラジオ（0.011，$p>0.05$），雑誌（−0.075，$p>0.05$），インターネット（−0.053，$p>0.05$）の媒体接触時間からセレブリティの文化的意味への影響は有意ではなかった．このように，新聞，ラジオ，雑誌，インターネットの接触時間が長くても，セレブリティの文化的意味の程度は高くならなかった．したがってこの調査結果から，国内のセレブリティの意味は，テレビによって形成されていることが明らかになった．

次に，セレブリティの文化的意味からブランドの文化的意味へのパスは有意となり（0.172，$p<0.01$），セレブリティの文化的イメージは当該ブランドのイメージに移転されることも確認された．さらに，ブランドの文化的意味

図表3-2　新たな意味移転モデル

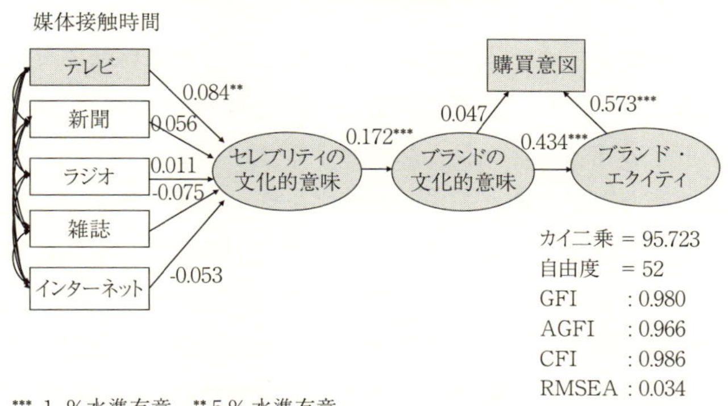

*** 1 %水準有意　** 5 % 水準有意

出所：朴（2009c）

からブランド・エクイティへのパスも有意となり（0.434，$p<0.01$），ブランドに付随している好ましい文化的意味が高くなるほど，高いブランド・エクイティを導くことも証明された．

ブランドの文化的意味からブランドの購買意図へのパスは有意ではなかった（0.047，$p>0.01$）ため，ブランドに付随している好ましい文化的意味が上昇してもブランドの購買意図を高められないことが確認された．しかし，ブランド・エクイティからブランドの購買意図へのパスは有意となり（0.573，$p<0.01$），ブランド・エクイティが高くなるほど，ブランドの購買意図を高めることが明らかになった．

朴（2009c）の調査結果から，第一に，セレブリティの文化的意味は使用されたメディアによって異なり，メディア接触の状況によって影響されていることが明らかになった．そして，テレビとの関連性が特に高かったのは，前述したようにセレブリティの誕生とその成長は，テレビなどの映像媒体によってそのイメージやキャラクターが形成されているためと考えられ，そのセレブリティに対するイメージの中に文化的意味が形成されていることを裏付けると思われる．

さらに，新聞，ラジオ，雑誌，インターネットの接触時間とセレブリティの文化的意味形成との関連性がないことが示されたのは，調査対象ブランドの広告キャンペーンがテレビを中心に行われたことを考慮すると，セレブリティの文化的な意味は広告キャンペーンによって，さらに強化されている可能性もあると考えられる．

第二に，ブランド・コミュニケーションにおける意味移転モデルの有効性が明らかになった．さらに，概念的な要素が多い意味移転モデルを改良した，ブランド・コミュニケーションにおける意味移転モデルが，セレブリティ広告研究の新たなモデルとしての可能性を持つことも確認できた．

第三に，文化的意味が，ブランド・エクイティにも貢献していることが明らかになった．このように，セレブリティが持っているイメージが，ブランド・エクイティを高めるコミュニケーション戦略になることで，ブランド・レバレッジ戦略の有効性を確認できたとも考えられる（Shimp, 2007）．

第四に，高いブランド・エクイティがブランドへの購買意図を導くことを確認できた．Keller（1998）は，ブランド・エクイティを構成する消費者の反応の違いは，ブランドのあらゆるマーケティング局面と結びついた知覚，選好，行動の中に現れるとしている．

したがって，ブランド・エクイティを高めるため，強く，好ましく，そしてユニークな連想を消費者の記憶内で当該ブランドに結びつけることが，マーケティング・コミュニケーションの中でも必要であることを確認できた．

3-3. ブランド構築におけるセレブリティの役割

セレブリティ・コミュニケーション戦略を，ブランド構築の観点から考察してみよう．ブランド・エクイティを強化するためには，消費者の記憶に強く，好ましく，そしてユニークなブランド連想を抱かせる必要がある．ポジティブなブランド・イメージは，強く，好ましく，そしてユニークな連想を記憶内で当該ブランドに結びつけるマーケティング・コミュニケーションによって形成される（Keller, 1998）．このようなブランド連想は，広告コミュニケーションをコントロールするマーケターによって形成されるが，そうではない場合もある．どのような方法で強く，好ましく，ユニークなブランド連想を抱かせるかについては解明されていない．

Keller（1998）によると，セレブリティは，ブランドの二次的連想として活用できる（図表3－3）．ブランドの二次的連想とは，他の領域からブランドへ意味を「移転させる」プロセスである．本質的に，ブランドは他のモノからいくつかの連想を「借り」，連想の性格に応じてブランド・エクイティの一部を「借り」ていると説明している．

ブランド・エクイティ構築は，ブランド構成要素の選択と支援的マーケティング・プログラム活用や，製品，価格，流通，マーケティング・コミュニケーションの戦略によって構築できる．そしてもう一段階上のさらなるブランド・エクイティ構築の方法がブランドの二次的連想の活用である．

既存のブランド連想が何らかの点で不十分な場合，ブランドの二次的連想は，強く，好ましく，ユニークな連想あるいはポジティブな反応を生み出すために極めて重要であり，既存の連想や反応を別の新鮮なやり方で強める効果的な方法である（Keller, 1998）．強く，好ましく，ユニークな連想を生み

図表３－３　ブランド知識の二次的源泉

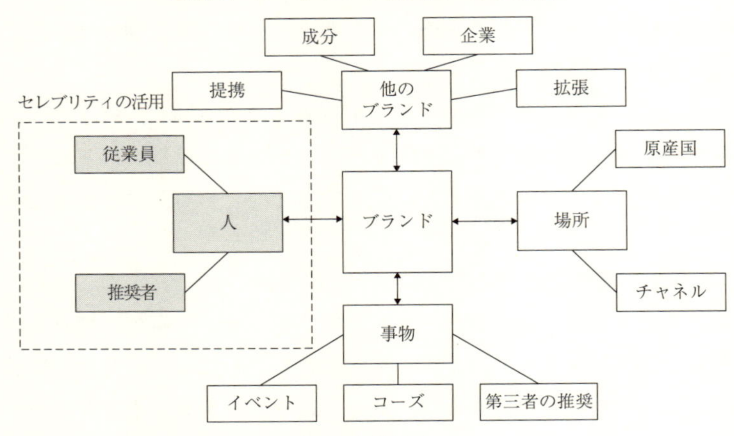

出所：Keller（2008）邦訳，358頁を基に加筆修正

出す方法の１つは，セレブリティを活用することである．図表３－３は，ブランドの二次的連想活用の源泉になる要素である．

このようにブランドは，ブランドそれ自体の連想によって他の領域とリンクしている．何らかの方法でこれら他の領域とブランドを同一視することにより，消費者は他のモノを象徴付ける連想の中に，当該ブランドにも当てはまる連想を生じさせる．要するに，二次的なブランド連想とは他の領域からブランドへ「移転される」ものである．本質的にブランドは，他のモノからいくつかの必要な連想を借用し，連想の性格に応じてブランド・エクイティの一部を借りているのである．意味移転の内容を図表３－４に示す．

ブランドの二次的連想を活用したブランド・エクイティ構築の方法は，既存ブランドの連想が何らかの点で不完全な場合にきわめて重要である．言い換えれば，ブランドの二次的連想は，他にはない，強く，好ましく，そしてユニークな連想を生み出すために活用することができる．

以上のように，顧客ベースのブランド・エクイティが，消費者がブランドに対して高いレベルの認知と親しみを有し，自分の記憶内に強く，好ましく，ユニークなブランド連想を抱いたときに生まれる（Keller, 1998）ことからすると，今日のようなブランド間競争が激化している時代のブランド・

図表３－４　意味移転の理解

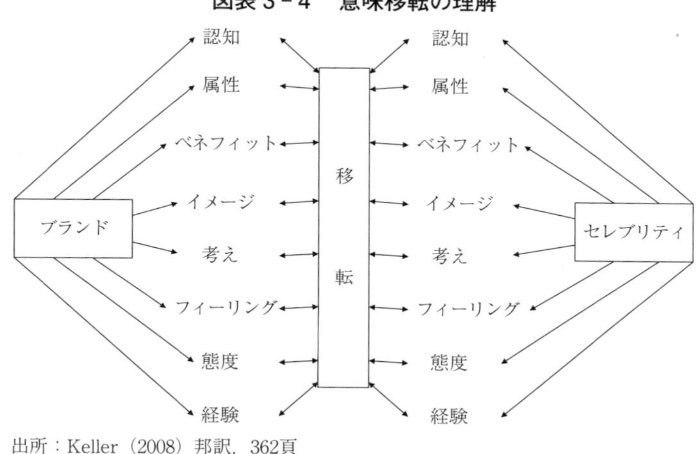

出所：Keller（2008）邦訳，362頁

レバレッジ戦略の重要性が明らかとなる．

二次的連想（人，場所，モノ，別のブランドなど）から当該ブランドに強く，好ましく，そしてユニークな知識を移転させる研究としては，原産国イメージ効果研究，セレブリティ効果研究，共同ブランド研究，構成要素ブランド研究，企業ブランド効果研究などが挙げられる．

このような二次的連想には次の３つが重要である．第一に，二次的連想に対する消費者の知識の必要性である．消費者がその領域について熟知していない，あるいは知識がない場合，何も移転されない．消費者がその存在を認知しており，さらに強く，好ましく，ユニークな連想を有していることが理想的である．第二に，二次的連想自体の意味性である．この二次的連想にポジティブな連想を有していると仮定すれば，そうした連想は当該ブランドに対してどの程度関連し，意味があるだろうか．そうした他の連想の意味は，ブランドと製品のコンテクスト（文脈）によっており一様ではない．連想の中には当該ブランドに対して関連性や価値を持っているものもあれば，消費者とあまり関係がないものもある．第三に，二次的連想の移転可能性である．潜在的に有効で意味のある連想が存在し，それが当該ブランドに移転可能であれば，その連想は実際にどのくらい当該ブランドとリンクするだろうか．鍵となる問題は，ブランドのコンテクスト中でそうした他の連想が，強く，好ましく，そしてユニークとなる水準である．

4　ブランド・レバレッジ戦略

マーケターは，製品・サービスおよびマーケティング・プログラムを設計して，最も望ましいブランド知識構造を作り出す必要がある．ブランド間の競争が激しくなるにつれて，製品，価格，流通，プロモーションなどに頼るブランド知識構築は難しくなり，消費者のブランド連想を強く，好ましく，そしてユニークにするためには他の領域からこれらの知識を借用する必要性が浮上した．

Shimp（2008）によると，具体的にブランド・エクイティを強化するマーケティング・コミュニケーション戦略としては，①自ら話す（speak-for-it-self），②メッセージ誘導（message driven），③レバレッジ（leveraging）戦略という３つの方法がある．

ブランド・エクイティを強化する方法の１つである①「自ら話す」方法は，ブランドの力によって，ブランドに対する好意的または好意的でない連想をもたらすことである．例えば，ブランドの使用経験は典型的な「自ら話す」方法である．しかし，消費者にブランド使用経験がなかったり，ブランド間の競争が激しくなったりすると，消費者のブランドについての理解は十分でない場合が多い．

②「メッセージ誘導」は，ブランドが持っている特徴とそれが提供する便益を繰り返し訴求することによって，好ましい連想を形成することを指す．企業側が発信するマーケティング・コミュニケーション・メッセージのクリエイティブ性を高めることによって，コミュニケーションの受け手である消費者は，企業側のコミュニケーション・メッセージに関心を寄せるようになる．その結果，消費者において望ましいブランド連想を形成する．「自ら話す」と「メッセージ誘導」という２つの方法は，相互排他的なアプローチではない．消費者のブランド連想は，ブランド経験によって学習されると同時に，マーケティング・コミュニケーション・メッセージが露出されることに

よって形成されるためである．

現在のような競争が激化している市場で使用されるもう1つのブランド・エクイティ構築方法が，③「レバレッジ戦略」[4)]である．ブランド・レバレッジ戦略とは，人，場所，モノ，別のブランドに既に含まれている好ましい知識を，対象ブランドに関連付けるコミュニケーションによって，消費者のブランド連想を具体化し，ブランド・エクイティを強化させるマーケティング・コミュニケーション戦略である．

マーケティング・コミュニケーションは，文化的に構成された世界から意味[5)]を導出し，この意味を消費財に転移させる．広告は意味移転の重要な道具である．すなわち広告は，消費財と文化的に構成された意味を特定の広告物の枠組みに露出させ関係を結ばせる，1つの方法である．このように，文化的に構成された意味を同時に提示された属性に帰属させることが意味移転である．

以上のように，既によく知られた意味を持つ対象とブランドとをリンクさせ，ブランドの意味と連想を強化させる方法がレバレッジ戦略である．図表3-3では，あるブランドを他のブランド・場所・事物・人とリンクさせることによって，どのようにブランド連想を強化できるかが示されている．

このようにブランド・エクイティを構築することによって，当該ブランドに消費者の強いブランド・ロイヤルティを形成することができる．マーケティング・コミュニケーションは，ブランド・エクイティ構築と強いブランド・ロイヤルティ構築に中核的な役割を果たす（Shimp, 2008）．

5．まとめ

本章では，複合モデルであるマッチアップ仮説と意味移転モデルを考察してから，ブランド構築におけるセレブリティの役割とブランド・レバレッジ戦略の必要性を提示した．

マッチアップ仮説とは，セレブリティが持っているイメージと製品ならびにブランドの特性が一致する際に，セレブリティは製品およびブランドに対する評価を強化することができる，というものである．例えば，セレブリティの身体的な魅力がその魅力に関連した製品とマッチする（例：魅力ある女性タレント×化粧品）と，当該製品および広告に関する評価は，よりポジティブになる．一方，当該製品がセレブリティの魅力と関連がないと，その広告効果は限定的になる．したがって，広告に起用するセレブリティと当該製品およびブランドとの関係性によって，その製品と広告に関する評価は異なると考えられる．

意味移転モデルは，意味移転プロセスを文化，推薦，消費の3つの段階に区分し，セレブリティの出演によって，セレブリティが持っている意味がセレブリティから製品に，そして製品から消費者に移転される3段階のプロセスである．セレブリティの意味移転モデルに焦点を合わせ，従来の意味移転モデルをブランド・コミュニケーションの観点から再構築した，ブランド・コミュニケーションの意味移転モデルによると，セレブリティの意味がテレビを中心に形成されたことも確認できた．

そして最後に，マーケティング・コミュニケーション戦略の1つとして，セレブリティを活用した「ブランド・レバレッジ」戦略の必要性を提示することができた．

〈注〉

1）「ブランドの二次的連想」と「ブランド・レバレッジ戦略」については，朴（2012）を基に記述した．

2）精緻化見込みモデルとは，Petty, Cacioppo & Goldman（1981）により提案された態度変容理論である．態度変容のプロセスを「中心ルート」と「周辺ルート」にしたのがその特徴であり，日常品のような低関与製品は「セレブリティ」や「パッケージ」のような要素によって送り手からのメッセージを評価する．

3）但しMcCracken（1989）は，意味移転モデルという概念的で理論的な枠組みを提示したものの，実証にまで至らなかった．

4）ブランド・レバレッジ戦略に対する理論的背景は，情報源信憑性（source credibility），感情転移（affect transfer），認知不協和（cognitive dissonance），カテゴリー・モデル（categorization model）などの理論によって説明できる．

5）マーケティング論における「意味」については，武井（1997）137-153頁を参照．

セレブリティ・コミュニケーションの効果

1．はじめに

広告におけるセレブリティの起用は長い歴史を持っており，今日に至るまで最も有効な広告戦略の１つとして認識されている．セレブリティ・コミュニケーションは，広告に対する認知と商品およびブランドに対する再生率，すなわち消費者が当該商品やブランドを記憶から呼び起こす能力を高め，ブランド認知，ブランド態度，ブランド購買意図などのコミュニケーション効果を増幅することができる．

セレブリティ起用のコミュニケーション効果によって，ブランド・エクイティを高めた企業は，売上を伸ばし，さらなる利益を生み出すことができる．ひいては，企業価値を向上することもできる（Agrawal & Kamakura, 1995）．そして，セレブリティ・コミュニケーションはコミュニケーション戦略にとどまらず，流通，価格，ブランド戦略とも深く関連している．例えば，セレブリティ起用による価格戦略では，高級感を持つセレブリティを起用することで高級ブランドとしての位置付けができ，当該ブランドへの価格プレミアムが享受できる．日本においてタレント広告が多い原因の１つとして，梶（2001）は流通チャネルとの関連性も指摘している．

本章では，ダイレクト・マーケティング業界の実在するブランドとセレブリティを調査対象とし，セレブリティ・コミュニケーション効果の有効性を実証する．

2．仮説導出

これまでのセレブリティ・コミュニケーションに関連する研究では，主に情報源の側面からセレブリティを，そのコミュニケーション効果について体系的に考察してきた．しかしながら，従来の研究をマーケティング・コミュニケーション効果という側面からみると，いくつかの疑問点が浮上する．本節では，この疑問点に注目して実験仮説を設定する．

まず，従来のセレブリティ・コミュニケーション研究では，人物の登場を前提とする研究がほとんどであった．具体的には，登場人物のタイプ（Friedman et al., 1976; Freiden, 1984），魅力の有無（Baker & Churchill, 1977; Debevec & Kernan, 1984），知名度の有無（Atkin & Block, 1983），民族的要因（Deshpandé & Stayman, 1994），セレブリティと製品イメージの一致（Kamins, 1990; Kamins & Gupta, 1994; Lynch & Schuler, 1994; Till & Busler, 1998），意味移転（McCracken, 1989）などがある．これらの調査結果から，セレブリティ・コミュニケーションでは，登場人物のタイプ，魅力度，知名度，製品・ブランドとの一致の有無などが，広告態度，ブランド態度，購買意図に影響を与えることが明らかにされている．

しかし，マーケティング・コミュニケーションにおける人物の起用は，広告の基本形態のすべてではない．Franzen（1995）は，広告には常に変化している部分の他に，いくつかの基本的形態が利用されると指摘し，最もよく利用される基本的形態を，アナウンスメント，ディスプレイ，連想転換，レッスン（練習），ドラマ，エンターテインメント，イマジネーション（想像力），特殊効果の8つのグループに分けた．

このFranzen（1995）の広告の基本形態からみると，人物を使わない製品とブランドだけの広告として考えられるのは，アナウンスメント型，ディスプレイ型の広告であると思われる．例えば，化粧品のCLINIQUEは，製品とブランドだけの広告を長年グローバルに展開している．

Franzenの分類からすると，CLINIQUEの広告は純粋な事実提示型広告として典型的なアナウンス型と位置付けることができる．特に，ダイレクト・マーケティング業界では，アナウンス型の純粋な事実提示型広告が多く見受けられる．したがって，セレブリティを起用した広告効果をより根本的に探るためにもまず，セレブリティを起用した広告と，セレブリティだけではなく人物やキャラクターを全く使わない純粋な事実提示型広告との比較を行う必要があると考えられる．

多くの先行研究で実証されているように，セレブリティ・コミュニケーションは，純粋な事実提示型広告よりも効果的であるという．その効果は，広告に対する認知と商品およびブランドに対する再生率を高めて，ブランド認知，ブランド態度，ブランド購買意図などのコミュニケーション効果を高める，とされている．

以上のことから，次の仮説を設定する．

仮説1．セレブリティを起用した広告は，純粋な事実提示型広告より高い広告態度を導く．
仮説2．セレブリティを起用した広告は，純粋な事実提示型広告より高いブランド態度を導く．
仮説3．セレブリティを起用した広告は，純粋な事実提示型広告より高い購買意図を導く．

次の仮説設定はOhanian（1990）の研究から出発する．Ohanian（1990）は，幅広い文献研究に基づいた実証研究の結果，情報源信憑性を魅力，信頼性，専門性という3つの要素で構成されていることを明らかにした（第2章参照）．これらの情報源モデルは，セレブリティ・コミュニケーションの情報源効果を分析的に分類し，体系化したと評価できる．

情報源魅力モデルの研究内容をみると，セレブリティの魅力のさまざまな違いによる広告効果，ブランドおよび製品などへの態度，購買意図にどのような影響を与えているかが実験されている．例えば，魅力のある人と魅力のない人の対比では，魅力のあるセレブリティを起用した場合のほうが有効的であるとしている．このように，魅力の有無によるコミュニケーション効果を検証した研究が多かった．

これらの研究をErdogan, Baker & Tagg（2001）の研究成果と照らし合わせてみると，消費者を対象に実証した情報源モデルは，いくつかの側面で問題を抱えている．

Erdogan et al.（2001）は，イギリスにおける300位までの広告会社の広告実務担当者を対象にメール調査を行っている．その結果，重要な評価基準は，セレブリティとターゲット・オーディエンスとの一致，セレブリティと製品およびブランドとの一致，セレブリティの全体的イメージ，セレブリティ起用のコスト，セレブリティの信頼性，セレブリティの起用可能性の順となっているが，セレブリティの身体的魅力はあまり重要視されていないことが分かった．さらに，テクニカル製品カテゴリー（パソコン）と魅力関連製品カテゴリー（ジーンズ）を調査対象製品として調査した結果，セレブリティの信頼性と専門性は，パソコンのほうがジーンズよりも有意に高かったが，セレブリティの親しみやすさ，好感度，身体的魅力はジーンズのほうがパソコンよりも有意に高かった．この結果から，製品のタイプによってセレブリティの評価基準が異なることが示された．

従来の情報源魅力モデルで実験しているように，明らかに魅力のない人を広告の起用対象とすることはあまり考えにくい．仮に身体的魅力がないセレブリティが対象広告に起用されたとしても，それは受け手（視聴者）にとってお笑い芸人のように好感度が高かったり，親しみを感じさせたりすることを目指したよるキャスティングと考えられる．しかしながら，調査では魅力の有無による効果の差だけが確認されており，調査の妥当性からすると，「経験的妥当性」[1)]を無視しているように思われる．すなわち，広告の実務では通用しない魅力の有無を，調査対象として設定してきたと考えられる．

Erdogan et al.（2001）の研究でも，セレブリティの起用を決定する広告業界の実務家は，セレブリティを形（gestalt）全体として評価して，ターゲット層との一致，製品およびブランドとの一致を最も重視していることが明らかにされている．つまり，広告の実務では，暗黙のうちにセレブリティ・コミュニケーションの各々のモデルを総合的に考慮して，セレブリティ起用を決定していると考えられる（Erdogan et al., 2001）．

したがって，セレブリティ・コミュニケーションは情報源の特徴のみならず，製品およびブランド・イメージとの関連性，消費者が抱いているセレブリティへの態度（親しみ，好感度など）の要因によって影響される．つまり，受け手が知覚しているセレブリティとその他の多次元的な要因によって，その効果は左右されると考えられる．

受け手要因の重要性に関して亀井（1997）は，「受け手（すなわち人間）の想像力ないしは独創力を刺激し促進することのできるあらゆる広告コミュニケーション的な発見と積極的な利用とにその鍵が存在しているのである」と指摘している．

消費者は，身体的魅力のあるセレブリティの中でも，製品およびブランドにより相応しいと知覚しているセレブリティを起用した広告のほうが，高い広告態度，ブランド態度，購買意図を導くと考えることができる．よって，以下の仮説を設定する．

仮説4．受け手は，身体的魅力のあるセレブリティを起用した広告の中でも，当該製品およびブランドに相応しいと知覚しているセレブリティを起用した広告のほうに，より高い広告態度を示す．

仮説5．受け手は，身体的魅力のあるセレブリティを起用した広告の中でも，当該製品およびブランドに相応しいと知覚しているセレブリティを起用した広告のほうに，より高いブランド態度を示す．

仮説6．受け手は，身体的魅力のあるセレブリティを起用した広告の中でも，当該製品およびブランドに相応しいと知覚しているセレブリティを起用した広告のほうに，より高い購買意図を示す．

マッチアップ仮説における既存のセレブリティ・コミュニケーションに関する研究では，製品イメージとセレブリティ・イメージとの一致に関する研究が多くなされた（Kamins, 1990; Kamins & Gupta, 1994; Till & Busler, 1998; Erdogan et al., 2001）．Mandler（1982）のスキーマ理論が，これらの研究の理論的な背景となった．近年のマッチアップ仮説に関する研究では，セレブリティのイメージと製品イメージの適度な不一致がむしろ効果的であるとも指摘されている（Lee & Thorson, 2008）．

以上のように，セレブリティのイメージと製品イメージに関しては，多くの研究がなされてきたが，実在するブランドを調査対象とした研究はあまり見られない．Hui & Zhou（2003）は，よく知られている実在ブランドを実験に使うことで，外的妥当性を高めることができると指摘している．実験の外的妥当性（external validity）を高めることは，リアリティをとらえることを意味すると思われる[2)]．つまり，実在するブランドを調査対象とすることによって，実験をより現実に近づけることができるということである．

実在するブランドはブランド・エクイティを持っている．Aaker（1991）は，ブランド・エクイティとは，その名前やシンボルと結びついたブランドの資産と負債の集合であると定義した．また，Keller（1998）は，顧客ベースのブランド・エクイティとは，ブランド知識がブランドのマーケティングに対する消費者の反応に及ぼす効果の違いであると定義している．

実在するブランドを調査対象とすると，実験用に製作した広告を被験者にみせた際に，既に形成されている顧客ベースのブランド・エクイティとセレブリティ効果を被験者が同時にとらえるため，実験の外的妥当性を高めることができる．ひいては，セレブリティの連想がブランドの二次的連想としてブランド・エクイティに影響している効果を確かめることもできる．

本研究が調査対象とするセレブリティであるタレントの叶美香は，調査対象ブランドであるDHCの広告キャンペーンに実際に起用されているセレブリティであるため，DHCと叶美香の組み合わせは，その他の調査対象ブランドと調査対象セレブリティとの組み合わせとは異なると考えられる．つまり，ブランドとセレブリティの交互作用が予想される．

一方で，実在するブランドを実験対象にすることで実験の外的妥当性を確保することはできるが，被験者に事前に形成されたブランド態度が実験の内容に影響することは避けられない．そこで，実在するセレブリティとブランドを調査対象とすることによるブランド知識は，ブランドによって異なる広告態度，ブランド態度，購買意図を導くと考える．我々の実際の購買行動を考慮してみると，買い物の際には事前に形成されたブランド態度の下で買い物をする．したがって，事前に形成されているブランド態度およびセレブリティへの態度は，決して実験の妥当性を阻害することはないと考えられる．

よって，下記の仮説を設定する．

仮説7．ブランドとセレブリティの交互作用は，受け手の事前ブランド知識によって異なる広告態度を導く．
仮説8．ブランドとセレブリティの交互作用は，受け手の事前ブランド知識によって異なるブランド態度を導く．
仮説9．ブランドとセレブリティの交互作用は，受け手の事前ブランド知識によって異なる購買意図を導く．

3．調査概要

本研究の事前調査は，早稲田大学商学部に在籍する20歳以上の学部学生35名を対象とし，2008年12月15日に行った．まずインタビュー調査を実施して，調査対象ブランド，製品，セレブリティを決定した．そして，その調査対象ブランド，製品，セレブリティを用いたカラー広告を作成した．その後，作成したカラー広告への広告態度，ブランド態度，購買意図などの質問項目を先行研究に基づいて加え，予備調査を行った．そして予備調査の結果が有意だったので，本調査に入ることにした．

本調査は，早稲田大学に在籍している学部生を中心に行った．調査期間は2008年12月16日～12月20日である．全体の回答者は250名であり，そのうち有効回答は237名である．男女別にみると，女子が119名で男子が118名であった．調査は，カラー広告を取り入れた質問紙による調査方法を採用した．

3-1．実験計画

本調査では，セレブリティ・コミュニケーションの有効性を実証するために，実験1と実験2を行う．まず，実験1では，セレブリティ・コミュニケーションの根本的な効果を検証することにする．つまり，純粋な事実提示型広告とセレブリティ広告との差を明らかにする．そのため，まず純粋な事実提示型広告への被験者の広告態度，ブランド態度，購買意図を測定する．それから，セレブリティを起用した広告をみせて，広告態度，ブランド態度，

図表 4－1　実験計画

	調査方法	研究目的
実験 1	純粋な事実提示型広告提示 ↓ セレブリティを起用した広告提示	純粋な事実提示型広告と セレブリティ広告の差を検証する
実験 2	被験者間要因配置法	セレブリティの起用効果を 多次元的に探る

購買意図を回答させる．

次に，実験２では，受け手が知覚しているセレブリティに関連した製品およびブランド要因を多次元的に探る．そのため，独立変数としてはブランドとセレブリティを，従属変数としては，広告態度，ブランド態度，購買意図を設定した．この実験計画が図表４－１である．

3-2. 測定尺度

実験では，ブランド（DHC，FANCL，架空ブランド KKK）×セレブリティ（叶美香，柴咲コウ）の３×２被験者間要因配置法で行った．調査対象製品は，セレブリティ広告が最も多く使用されているともいえる化粧品とサプリメントとした．

独立変数として，セレブリティとブランドを設定したが，調査対象セレブリティは，魅力のある２人とした．１人は，調査対象ブランド（DHC）に当時起用されていた魅力のあるセレブリティ（叶美香）とした．もう１人は，受け手（被験者）が調査対象製品に相応しいと知覚している，魅力のあるセレブリティとすることにした．そこで，ビデオリサーチ社の「テレビタレントイメージ調査結果（2008年８月度）」の人気度調査結果から，化粧品とサプリメントにより相応しいイメージを持っているセレブリティを選ぶことにした．そのため，早稲田大学の学部学生を対象に，セレブリティ選出のための定性調査を行った．その結果，柴咲コウが叶美香よりも当該カテゴリーに相応しいセレブリティとされたため，調査対象セレブリティとした．

調査対象ブランドとしては，日本のダイレクト・マーケティング業界でも代表的な化粧品とサプリメント分野のブランド（DHC，FANCL）と，架空ブランド（KKK）と設定した．

ブランドにおけるセレブリティ・コミュニケーションの有効性は，ブランド構築のためにも重要である．Keller（2003）によると，ブランド・レバレッジ・プロセスとは，ブランドが人，場所，モノ，別のブランドとリンクすることである．例えば，セレブリティ，原産国（country of origin），キャラクター，別のブランドなどの，消費者が知覚しているブランドの二次的連想を活用することである．他の二次的連想に比べるとセレブリティは最も多く使用される．その次に，原産国，キャラクターなどがあげられる．

このブランド・レバレッジ・プロセスでは，ブランド・エクイティ構築に関する二次的連想の活用を提案している．セレブリティ・コミュニケーションのような二次的連想が，ブランド・エクイティ構築に有効なのは，セレブリティの起用による認知度を高める効果のみならず，セレブリティが持っている強く，好ましく，そしてユニークな連想を，当該ブランド知識に移転または強化することによって，ブランド・エクイティを強化できるからである．Shimp（2007）も，競争が激化している市場におけるブランディング戦略の1つとして，このブランド・レバレッジ戦略の必要性を提示している．

実験2の従属変数としては，広告態度（信頼性，好感度，親しみ），ブランド態度（信頼性，好感度，親しみ），購買意図に関する項目を，7段階尺度（非常にあてはまる～全くあてはまらない）により測定した．

独立変数の組み合わせは，図表4－2のとおりである．

調査対象人数は，グループ1が33人（男：15人，女：18人），グループ2が42人（男：18人，女：24人），グループ3が40人（男：28人，女：12人），

図表4－2　独立変数の組み合わせ

グループ	ブランド	セレブリティ	製品
グループ1	DHC	叶美香	化粧品，サプリメント
グループ2	DHC	柴咲コウ	化粧品，サプリメント
グループ3	FANCL	叶美香	化粧品，サプリメント
グループ4	FANCL	柴咲コウ	化粧品，サプリメント
グループ5	KKK	叶美香	化粧品，サプリメント
グループ6	KKK	柴咲コウ	化粧品，サプリメント

グループ4が47人（男：28人，女：19人），グループ5が39人（男：23人，女：16人），グループ6が36人（男：15人，女：21人）である．

4．実験1：事実提示型広告とセレブリティ広告の効果の違い

実験1では，製品とブランドだけを用いた純粋な事実提示型広告とセレブリティを起用した広告効果の違いを検証した．調査尺度別にセレブリティの起用によるセレブリティ・コミュニケーションの効果を確認するために，被験者にはまず，セレブリティを起用しない純粋な事実提示型広告をみせてから，セレブリティを起用した広告を示した．図表4－3は，実験の下位得点（広告態度，ブランド態度，購買意図）と平均（M）と標準偏差（SD）の結果を製品別に示したものである．

化粧品を対象にした広告態度の下位得点について一元配置分散分析を行った結果，セレブリティの起用効果は有意であった（$F(1,472)=9.125$，$p<.01$）．広告への信頼性（$F(1,472)=9.958$，$p<.01$），好感度（$F(1,472)=4.898$，$p<.05$），親しみ（$F(1,472)=7.299$，$p<.01$）の項目でも，セレブリティの起用効果は有意であった．

さらに，サプリメントを対象にした広告態度の下位得点について一元配置分散分析を行った結果，セレブリティの起用効果は有意であった（$F(1,472)=38.606$，$p<.01$）．広告への信頼性（$F(1,472)=27.591$，$p<.01$），好感度（$F(1,472)=35.904$，$p<.01$），親しみ（$F(1,472)=35.970$，$p<.01$）の項目でも，セレブリティの起用効果は有意であった．以上から仮説1は支持された．

化粧品を対象にしたブランド態度の下位得点について一元配置分散分析を行った結果，セレブリティの起用効果は有意であった（$F(1,472)=4.594$，$p<.05$）．ブランドへの信頼性（$F(1,472)=3.986$，$p<.05$），親しみ（$F(1,472)=4.488$，$p<.05$）の項目でもセレブリティの起用効果は有意であった．但し，ブランド態度への好感度は有意ではなかった（$F(1,472)=3.624$，$p>.05$）．

サプリメントを対象にしたブランド態度の下位得点について一元配置分散

図表4－3　純粋な事実提示型広告 vs. セレブリティ広告

	セレブリティの有無	化粧品（n=237）		サプリメント（n=237）	
		M	SD	M	SD
広告態度	無 有	3.91 4.26	1.20 1.33	3.59 4.31	1.18 1.33
・信頼性	無 有	3.86 4.27	1.41 1.41	3.68 4.32	1.27 1.36
・好感度	無 有	4.03 4.32	1.39 1.43	3.58 4.34	1.30 1.44
・親しみ	無 有	3.83 4.19	1.41 1.48	3.51 4.26	1.31 1.43
ブランド態度	無 有	4.07 4.34	1.42 1.34	3.79 4.33	1.38 1.35
・信頼性	無 有	4.09 4.37	1.59 1.41	3.80 4.36	1.47 1.39
・好感度	無 有	4.11 4.36	1.49 1.42	3.82 4.33	1.40 1.42
・親しみ	無 有	4.01 4.30	1.54 1.41	3.76 4.29	1.43 1.44
購買意図	無 有	2.97 3.59	1.56 1.62	3.33 3.87	1.54 1.58

分析を行った結果，セレブリティの起用効果は有意であった（$F(1,472)=18.235$，$p<.01$）．ブランドの信頼性（$F(1,472)=18.250$，$p<.01$），好感度（$F(1,472)=15.326$，$p<.01$），親しみ（$F(1,472)=16.587$，$p<.01$）の項目でも，セレブリティの起用効果は有意であった．以上から仮説2は支持された．

化粧品を対象にした購買意図におけるセレブリティの起用効果は有意であった（$F(1,472)=18.269$，$p<.01$）．同様に，サプリメントを対象にした購買意図におけるセレブリティの起用効果も有意であった（$F(1,472)=14.201$，$p<.01$）．以上のことから仮説3は支持された．

5．実験2：セレブリティの起用効果

実験2では，セレブリティの起用効果を多次元的に探るために，セレブリ

図表4-4　広告態度へのブランド×セレブリティの効果

	セレブリティ	化粧品（n=237）		サプリメント（n=237）	
		M	SD	M	SD
DHC	叶美香	3.79	1.06	3.94	1.15
	柴咲コウ	4.95	0.98	4.79	1.05
FANCL	叶美香	3.43	1.49	3.71	1.43
	柴咲コウ	4.73	0.92	4.91	1.11
KKK	叶美香	3.69	1.35	3.70	1.46
	柴咲コウ	4.80	1.29	4.59	1.15

ティを起用した化粧品広告とサプリメント広告への広告態度，ブランド態度，購買意図の3変数を従属変数として，ブランド（DHC，FANCL，KKK）×セレブリティ（叶美香，柴咲コウ）の3×2被験者間要因配置法で分散分析を行った．

図表4-4は，ブランド×セレブリティによって分析した，広告態度の下位得点の平均（M）と標準偏差（SD）を示したものである．

その結果，定性調査によって，当該カテゴリーにより相応しいとされた柴咲コウのほうが，すべての広告態度において高かった．化粧品を対象にした分散分析の結果，広告態度へのセレブリティの主効果（$F(1,231)=58.220$，$p<.000$）は有意であった．また，サプリメントを対象にした分散分析を行った．その結果，広告態度へのセレブリティの主効果（$F(1,231)=37.219$，$p<.000$）で有意であった．したがって，仮説4は支持された．

化粧品を対象にした分散分析の結果，ブランドの主効果（$F(2,231)=1.181$，$p>.05$）とブランドとセレブリティの交互作用（$F(2,231)=0.140$，$p>.05$）は有意ではなかった．さらに，サプリメントを対象にした分散分析の結果も，ブランドの主効果（$F(2,231)=.646$，$p>.05$）とブランドとセレブリティの交互作用（$F(2,231)=0.503$，$p>.05$）は有意ではなかった．したがって，仮説7は支持されなかった．

同じく，図表4-5はブランド態度の下位得点の平均（M）と標準偏差（SD）を示したものである．

結果は，定性調査によって，当該カテゴリーにより相応しいとされた柴咲

図表4－5　ブランド態度へのブランド×セレブリティの効果

	セレブリティ	化粧品（n＝237）		サプリメント（n＝237）	
		M	SD	M	SD
DHC	叶美香	4.31	0.58	4.30	1.11
	柴咲コウ	4.65	1.27	4.99	1.16
FANCL	叶美香	4.19	1.40	4.00	1.46
	柴咲コウ	4.82	1.26	4.89	1.24
KKK	叶美香	3.49	1.47	3.59	1.42
	柴咲コウ	4.47	1.26	4.36	1.32

コウがすべてのブランド態度において高かった．化粧品を対象にした分散分析の結果，ブランド態度へのセレブリティの主効果（$F(1,230)=15.057$，$p<.000$）で有意であった．さらに，サプリメントを対象にした分散分析を行った．その結果もブランド態度へのセレブリティの主効果（$F(1,231)=16.019$，$p<.000$）で有意であった．したがって，仮説5は支持された．

化粧品を対象にした分散分析の結果，ブランド態度へのブランドとセレブリティの交互作用（$F(2,231)=1.171$，$p>.05$）は有意ではなかった．また，ブランド態度へのブランドとセレブリティの交互作用（$F(2,231)=0.772$，$p>.05$）は有意ではなかった．したがって，仮説8は支持されなかった．

仮説としては設定していないが，化粧品を対象にしたブランド態度へのブランドの主効果（$F(2,231)=4.413$，$p<.05$）とサプリメントを対象にしたブランドの主効果（$F(2,231)=3.649$，$p<.05$）について分析したところ，ともに有意であった．ブランドの主効果について多重比較を行った結果，DHCとFANCLの平均が，架空のブランドKKKの平均よりも有意に大きいことが見出された．ブランド・エクイティがブランド態度に明確に反映された結果であると考えられる．

同じく，図表4－6は，ブランド×セレブリティで分析した，購買意図の平均（M）と標準偏差（SD）を示したものである．

定性調査によって，当該カテゴリーにより相応しいとされた柴咲コウがFANCLと架空ブランドKKKの購買意図において高かったが，DHCでは叶美香が高い結果となった．調査結果をみると，化粧品を対象にした分散分

図表 4－6　購買意図へのブランド×セレブリティの効果

	セレブリティ	化粧品（n＝237）		サプリメント（n＝237）	
		M	SD	M	SD
DHC	叶美香	3.79	1.50	3.73	1.49
	柴咲コウ	3.50	1.64	4.10	1.43
FANCL	叶美香	2.88	1.60	3.63	1.61
	柴咲コウ	4.23	1.61	4.36	1.51
KKK	叶美香	3.17	1.53	3.56	1.61
	柴咲コウ	3.98	1.61	4.15	1.50

析の結果，購買意図へのセレブリティの主効果（$F(1,231)=14.649$, $p<.000$）で有意であった．さらに，サプリメントを対象にした分散分析を行った結果も，購買意図へのセレブリティの主効果（$F(1,231)=7.671$, $p<.01$）で有意であった．したがって，仮説 6 は支持された．

同じく，化粧品を対象にした分散分析の結果，購買意図へのブランドとセレブリティの交互作用（$F(2,231)=6.787$, $p<.01$）も有意であった．しかし，サプリメントを対象にした分散分析を行った結果は，購買意図へのブランドとセレブリティの交互作用（$F(2,231)=0.281$, $p>.05$）は有意ではなかった．したがって，仮説 9 は一部支持された．

仮説としては設定していないが，化粧品を対象にした購買意図へのブランドの主効果（$F(2,231)=0.073$, $p>.05$）とサプリメントを対象にした購買意図へのブランドの主効果（$F(2,231)=1.028$, $p>.05$）について分析したところ，ともに有意ではなかった．

その後の分析で，化粧品を対象にした購買意図へのブランドとセレブリティの交互作用（$F(2,231)=6.787$, $p<.01$）も有意であったため，単純主効果を検定した．

図表 4－7 から，セレブリティとブランドの組み合わせによる購買意図の母平均の推定値が得られた．このペアごとの比較表では，セレブリティごとにブランドによって母平均の差があるかどうかを評価することができる．この推定値から叶美香を起用した場合，DHC のほうが他のブランド（FANCL，架空ブランド KKK）よりも高い購買意図をもたらすことが明らかにな

図表4－7　セレブリティとブランドの組み合わせによる購買意図へのペア比較表（化粧品）

従属変数：購買意図

	(I)ブランド	(J)ブランド	平均値の差(I-J)	標準誤差	有意確率	差の95%信頼区間	
						下限	上限
叶美香	DHC	FANCL	.913*	.363	.037	.040	1.786
		KKK	.839	.365	.066	-.039	1.717
	FANCL	DHC	-.913*	.363	.037	-1.786	-.040
		KKK	-.074	.347	.995	-.909	.762
	KKK	DHC	-.839	.365	.066	-1.717	.039
		FANCL	.074	.347	.995	-.762	.909
柴咲コウ	DHC	FANCL	-.734	.328	.076	-1.522	.054
		KKK	-.694	.351	.139	-1.538	.149
	FANCL	DHC	.734	.328	.076	-.054	1.522
		KKK	.040	.342	.999	-.783	.862
	KKK	DHC	.694	.351	.139	-.149	1.538
		FANCL	-.040	.342	.999	-.862	.783

注：推定周辺平均に基づいた
　*平均値の差は.05水準で有意

った．これをグラフに示すと図表4－8のようになる．

実際に叶美香が起用されているDHCを除き，柴咲コウも叶美香も，事前のブランド知識があると思われるFANCLとブランド知識のない架空ブランドKKKとで，購買意図はほとんど変わらない．この結果は，他の調査対象ブランドとセレブリティの組み合わせとは異なり，叶美香が実際のDHCの広告キャンペーンに起用されているセレブリティであるからと考えられる．

以上の結果から，化粧品を対象にした購買意図へのブランドとセレブリティの交互作用は，受け手の事前ブランド知識によって異なる購買意図を導くことが確認できた．つまり，消費者のブランド知識として蓄積された叶美香のDHC広告キャンペーンの効果が，このような化粧品への購買意図に表れたと思われる．

さらに，叶美香はDHCの化粧品とサプリメント広告に起用されているにもかかわらず，化粧品の購買意図だけ交互作用が有意だったため，全般的に

図表4－8　購買意図へのセレブリティとブランドの交互作用（化粧品）

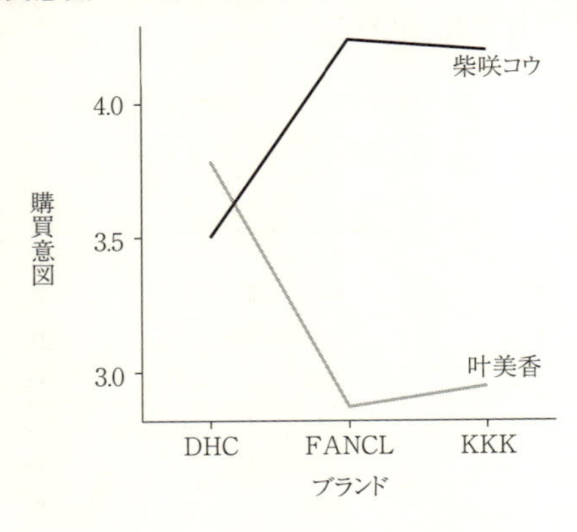

図表4－9　検証結果

	内容	結果
仮説1	セレブリティを起用した広告は，純粋な事実提示型の広告より高い広告態度を導く．	支持
仮説2	セレブリティを起用した広告は，純粋な事実提示型の広告より高いブランド態度を導く．	支持
仮説3	セレブリティを起用した広告は，純粋な事実提示型の広告より高い購買意図を導く．	支持
仮説4	受け手は，身体的魅力のあるセレブリティを起用した広告の中でも，当該製品およびブランドに相応しいと知覚しているセレブリティを起用した広告のほうに，より高い広告態度を示す．	支持
仮説5	受け手は，身体的魅力のあるセレブリティを起用した広告の中でも，当該製品およびブランドに相応しいと知覚しているセレブリティを起用した広告のほうに，より高いブランド態度を示す．	支持
仮説6	受け手は，身体的魅力のあるセレブリティを起用した広告の中でも，当該製品およびブランドに相応しいと知覚しているセレブリティを起用した広告のほうに，より高い購買意図を示す．	支持
仮説7	ブランドとセレブリティの交互作用は，受け手の事前ブランド知識によって異なる広告態度を導く．	棄却
仮説8	ブランドとセレブリティの交互作用は，受け手の事前ブランド知識によって異なるブランド態度を導く．	棄却
仮説9	ブランドとセレブリティの交互作用は，受け手の事前ブランド知識によって異なる購買意図を導く．	一部支持

受け手により相応しいと判断された柴崎コウよりも，化粧品という製品カテゴリーと関係性が強いこともうかがえた．調査結果をまとめたのが図表4－9である．

6．まとめ

以上の検証結果から，次の知見が得られた．

第一に，セレブリティ・コミュニケーションが，有効なマーケティング・コミュニケーション手段になりうるということが明らかになった．本章の調査結果で示されたように，セレブリティを起用した広告は，純粋な事実提示型広告よりも高い広告態度，ブランド態度，購買意図を導くことが分かった．この調査結果から，セレブリティ・コミュニケーション戦略は有効なマーケティング・コミュニケーションの手段であるとする先行研究の結果を確認できた（Atkin & Block, 1983; Kamins, 1989; Ohanian, 1991; Kamins & Gupta, 1994; Agrawal & Kamakura, 1995）．

第二に，セレブリティ・コミュニケーションは，情報源の特徴のみならず，製品およびブランド・イメージとの関連性，消費者が抱いているセレブリティへの態度（親しみ，好感度など）の要因によって影響される．つまり，受け手が知覚しているセレブリティとその他の多次元的な要因によって，その効果を左右されることが示された．

実験2の調査結果からも確認できるように，高い認知度を持つ魅力のあるセレブリティであっても，受け手の視点から，より相応しいと高く評価されているセレブリティを起用したほうが，より高い広告態度，ブランド態度，購買意図を導くことが分かった．以上の調査結果は，セレブリティのキャスティングを決定するイギリスの広告実務者を対象にしたErdogan et al.（2001）の調査結果とも類似した調査結果である．

第三に，セレブリティ・コミュニケーションは，ブランド・レバレッジ戦略の1つとしての可能性も提示できた．Shimp（2007）は，ブランドを人，場所，モノ，別のブランドにリンクさせるブランド・レバレッジ・プロセス（Keller, 2003）とみなし，ブランド・レバレッジ戦略として，ブランド・エクイティを構築する方法であると位置付けている．ブランド・レバレッジ戦略の中でのセレブリティ・コミュニケーションの必要性は，セレブリティが持っている，強く，好ましく，そしてユニークな連想を当該ブランド知識に移転または強化することによって，ブランド・エクイティを高めることにあると考えられる．

本調査のさらなる意義は，わが国の消費者を対象に，セレブリティ・コミュニケーションの効果を検証したことであろう．日本のCMは，他の先進諸国（アメリカ，オランダ，ドイツ，フランス，スペイン）に比べて圧倒的に高い割合でセレブリティを起用している（プラート，2000）にもかかわらず，日本におけるセレブリティ・コミュニケーションに関する研究は限られている．

広告主に対するインプリケーションとしては，本調査結果からもうかがえたように，消費者は，認知度が高い，魅力のある，専門性が高いという，分解されたセレブリティの特定のイメージよりも，全体としてのセレブリティを評価していることである．したがって，セレブリティ起用を検討する際には，キャスティング対象のセレブリティを，短期的な起用効果のみならず，長期的なブランド・エクイティ構築の観点から，その起用効果をより体系的に分析する必要があると考えられる．

つまりセレブリティ起用は，認知度向上という広告効果としてではなく，製品または企業のブランド・エクイティ構築という観点からアプローチしなければならない．認知度を高めるという短期的目的のためにセレブリティを起用すると，視聴者がセレブリティだけに注意をして広告対象製品には注意を払わない恐れがある．このようなリスクを一般的にはオーバーシャドー効果（overshadow effect）または，ヴァンパイア効果（vampire effect）と名付けている．

したがって，広告主はセレブリティ・コミュニケーションの効果を最大化するためにも，ブランド・エクイティ戦略としてセレブリティ・コミュニケーションを位置付ける必要があるだろう．

本調査の限界と今後の課題としては，以下のとおりである．

第一に，本調査では，セレブリティを起用したコミュニケーションのほうが，製品やブランドだけのコミュニケーションより効果的であることを明らかにした．しかしながら，セレブリティを起用した広告とブランド製品だけの事実提示型広告を比較したので，Friedman et al.（1976）が実証したような登場人物のタイプ（セレブリティ，一般消費者，専門家，社長），またはAtkin & Block（1983）が実証したようなセレブリティか非セレブリティかということによる影響は確認できなかった．したがって今後の研究では，広告の登場人物のタイプおよび登場人物の有名性の有無による有効性を確かめる必要があると考えられる．

第二に，調査対象製品に関する限界である．本調査では調査対象製品を化粧品とサプリメントとした．本調査では，Freiden（1984）の調査結果とは異なり性別による影響も明確にしたものの，その要因は調査対象製品を化粧品とサプリメントにしたことにあるともいえるだろう．つまり，調査対象製品が女性の関与度が高い製品であったために，これらの性別による差を生み出した可能性も考えられる．したがって，今後の研究では男性の関与度が高い製品，および性別にかかわらない製品カテゴリーに調査対象を拡大する必要もあると考えられる．

第三に，ダイレクト・マーケティングにおけるセレブリティ・コミュニケーションの形態は，アメリカのセレブリティ・コミュニケーション形態との類似性が高い．つまり，Franzen（1995）の広告の基本形態分類によると，レッスン型（プレゼンターあるいは推奨者による）の広告が一般的であると考えられる．例えば，通信販売のCMや印刷広告をみるともっぱら商品の購入を語ることが多い．本調査では，日本のセレブリティ・コミュニケーションの特質ともいえる連想転換型のセレブリティ・コミュニケーションを実験の素材とした．今後の研究では，レッスン型の広告をその素材とする必要があると考えられる．ダイレクト・マーケティングの実務で多いレッスン型の広告を扱うことは，意義ある研究となるだろう．さらに，アメリカを中心に研究されたレッスン型のセレブリティ・コミュニケーションに関する研究は，日本のダイレクト・マーケティング学界，または業界におけるセレブリティ・コミュニケーション研究の発展につながると考えられる．

第四に，本調査では実験の妥当性を高めるためにカラーの印刷広告による実験を行った．実験の対象とした広告コピーは本調査のために独自に製作するなど，調査の妥当性を確保するために注意を払ったものの，セレブリティと対象ブランド間の関係，ブランド，調査対象性別などいくつかの側面では限界があったと考えられる．今後の研究では，より精緻化した調査方法を導入する必要があると考えられる．

第五に，本調査は，大学生を対象にした．消費者行動研究領域でも，大学生を対象とする調査の妥当性に関しては議論の余地がある．例えば，原産国イメージ効果の研究をメタ分析したVerlegh & Steenkamp（1999）は，学生と社会人には原産国イメージ効果の影響の差は存在しないという．しかしながら，セレブリティ・コミュニケーションをメタ分析したAmos, Holmes & Strutton（2008）は，学生サンプルを使用する研究が非学生サンプルを使用した研究よりも，情報源効果がより大きかったという．したがって，今後の研究では社会人を対象にしたさらなる調査が必要であろう．

第六に，セレブリティ・コミュニケーションにおける広告態度，ブランド態度，購買意図に関する考察である．広告態度，ブランド態度，購買意図に関して多くの研究がなされてきたが，態度と購買意図間，また購買意図と行動間に関してはまだ議論の余地が多いと考えられる．例えば，ブランド態度の媒介変数としての広告態度の役割，広告態度の先行要因としての認知的要因，感情的要因，購買意図と実際の購買行動などに関しては十分な考察がなされていないと考えられる．したがって，今後の研究ではこれらの課題に取り組んだ実証研究が必要であると考えられる．

〈注〉

1）経験的妥当性とは，それが，現実をリアルに再現している程度であり，測定された現実と実務家にとってのリアリティとの整合性である．藤本・高橋・新宅・阿部・粕谷（2005）2-38頁．

2）外的妥当性とは，ある事例の観察から得られた変数間の関係が，他の事例でも観察可能であるかどうかに関する基準（桑嶋，2005）である．リアリティとは単に現象を表すのではない．リアリティが「ある」，「ない」といわれるように，リアリティはあくまで人間にとって関心を喚起する現象のことである．この意味で，現象に人々の関心が付与されてはじめて，現象になるといってよい（今田，2000）．

セレブリティ・キャスティング

1．はじめに

セレブリティ・コミュニケーション戦略を実行するには，その目標を明確にする必要がある．セレブリティ・コミュニケーションは，セレブリティ本人を広告することが目的ではなく，当該セレブリティを起用している企業のマーケティング・コミュニケーション戦略を達成することを目指している．そして，企業のマーケティング・コミュニケーション戦略を達成するためには，企業のブランド戦略の明確化が求められる．さらに，そのブランド戦略は，企業全体の経営戦略の下位戦略として位置付けられることになる．それゆえ，企業のマーケティング・コミュニケーション戦略上，セレブリティをどのように戦略的に活用できるかが，セレブリティ・コミュニケーション戦略の核心的な要素であるだろう．

本章では，セレブリティ・コミュニケーション戦略の中核的な課題である，セレブリティ・キャスティングの実態と，その戦略的方向性を見出すことを目指す．まず第2節では，セレブリティ起用の程度を把握する．第3節では，イギリスのセレブリティ起用実態に関する調査研究を考察し，諸外国のセレブリティ・キャスティングの課題を調べる．第4節では，広告主からみたセレブリティ・キャスティングの課題を提示する．第5節では，セレブリティの設定基準に関するこれまでの内容を総括し検討する．第6節では，アメリカと日本の広告業界におけるセレブリティ評価基準の調査結果を紹介する．

2．セレブリティ起用の程度

プラート（2000）は，日本の広告が欧米諸国に比べてセレブリティの起用が多いのかどうかを証明するため，日本，アメリカ，オランダ，ドイツ，フランス，スペインのCMの内容を分析した．その結果，CMに占めるセレブリティ起用の割合は日本（47%），アメリカ（20.69%），フランス（15.57%），ドイツ（9.64%），オランダ（3.92%）の順でセレブリティの起用割合が多くなっており，日本のCMは他国よりもセレブリティの登場回数が多かった．

セレブリティ広告が多いのは日本だけではない．東アジア諸国でも，CMにセレブリティを起用することが好まれている（日本：56%，韓国：47%，中国：33%，タイ：28%，インド：24%，フィリピン：23%，インドネシア：17%，ブラジル：17%，ロシア：11%，イギリス：10%，アメリカ：9%；カンター・ジャパン，2013）．

このように，欧米諸国と日本を中心とした東アジア諸国とで，広告のセレブリティ起用に違いがある背景には，文化の違いがあるだろう．欧米のような個人主義，低コンテクスト文化の場合は多くの事実を求めるので，連想移転よりは推奨を目的とした使用が多い．一方，日本のような集団主義文化の場合は，間接的な意味移転を目的とした起用が向いている（Mooij, 2014）．

McCracken（1989）はセレブリティの登場方法を，①明示モード（私はこの製品を推奨する），②暗黙モード（私はこの製品を使用している），③命令的モード（あなたはこの製品を使用すべきだ），④共存モード（セレブリティが単に製品と現れる），という4つに分類した．Jain, Roy, Daswani & Sudha（2010）はMcCracken（1989）の分類に沿って，1995年から2007年までのインドのセレブリティ広告を分析した．その結果，インドのセレブリティ広告は，①明示モード（n＝6，1.1%），②暗黙モード（n＝356，63.8%），③命令的モード（n＝115，20.6%），④共存モード（n＝81，14.5%），となった．この結果から，インドでは「暗黙モード」の出演方式が圧倒的に多いことが確認された．

Choi, Lee & Kim（2005）によると，韓国ではセレブリティを起用するCMはすべてのCMのうち約半数（57%）に達しているが，アメリカでは9.6%に過ぎなかった．またアメリカでは，53のセレブリティ広告の中で1人だけが複数の製品に出演しているが，韓国では126のセレブリティ広告の中で，32人が重複出演していることが確認された．セレブリティの年齢をみると，アメリカの場合は40代以上が43.4%になっていたが，韓国の場合は74.7%のセレブリティが30代以下であった．セレブリティの職業でみると，アメリカでは，俳優（39.6%），アスリート（22.6%），ミュージシャン（7.5%），コメディアン（9.4%），その他（20.8%）の順だったのに対し，韓国では，俳優（61.9%），アスリート（6.3%），ミュージシャン（9.5%），コメディアン（8.7%），その他（13.5%）だった．

Agrawal & Kamakura（1995）は，ブランド態度と購買意図に対するセレブリティ広告の効果に関する研究が数多く行われているにもかかわらず，セレブリティ広告の経済的価値に関する研究が乏しいことに着目し，1980年1月から1992年12月にかけて，印刷媒体に掲載されたセレブリティ広告の契約に関するデータを対象に，その中から110のセレブリティ広告の契約に関する発表を抽出して分析を行った．その結果，セレブリティ広告の契約内容の公表が，株価にポジティブな影響を与えることが明らかになった．具体的には4.4%の追加リターンがあることが分かった．これらの結果により，セレブリティ広告の契約は企業にとって一般的に価値ある投資であることが示された[1)]．彼らの研究成果からすると，セレブリティをキャスティングすることは，望ましいマーケティング戦略であるが，セレブリティだというだけで起用すれば，その効果が発揮されることはないだろう．

3．イギリスのセレブリティ・キャスティングの実態

イギリスではセレブリティのキャスティングはどのように行われているのか．その実態について，イギリスの広告業界の実態を調査したErdogan & Drollinger（2008）の研究をみてみよう[2)]．

Erdogan & Drollinger（2008）は，セレブリティのキャスティング・プロ

セスを明らかにするために，セレブリティの起用プロセスをイギリスの広告会社の関係者を対象に調査した．この調査は，英国広告業協会（IPA：Institute of Practitioners in Advertising）の会員企業を対象に行われ，年間売上高が1200万ポンドより大きい広告会社を大規模広告会社とし，1200万ポンド以下の広告会社を小規模の広告会社として分類したという．

調査の具体的な内容をみると，イギリスの広告費のおよそ80％を占める広告会社を対象に，セレブリティを起用した広告キャンペーンに関わった経験のあるマネジャーを抽出した結果，最終調査対象者は414名となった．その内，131名（31.6％）の有効回答を得た．調査対象者の特性をみると，男性が多く（66.4％），全体の80％以上は6年以上の業務経験を持っていた．そのうえ，回答者の40.5％は郵便調査時点で，6つ以上のセレブリティを起用したキャンペーンに関わったことがあった．小規模の広告会社所属は36.6％，大規模の広告会社所属は63.4％であった．

セレブリティを起用したキャンペーンの割合を調査した結果，大規模広告会社と小規模広告会社の平均値には有意差があることが明らかになった．すなわち，大規模広告会社のほうが小規模広告会社よりもキャンペーンの実施においてセレブリティをよく起用していることが明らかになった．

セレブリティの選出に関するプロセスを持っているかという質問では，小規模広告会社と大規模広告会社の間に統計的な有意差はなかった．

多くの広告会社のマネジャーは，セレブリティ起用に決まったプロセスはめったに存在しないという．予備調査として行った定性調査では，12名の広告会社マネジャーのうちの10名が，セレブリティの起用決定は文書化されていないプロセスによるものだったと回答した．但し，本調査回答者の9.2％は，セレブリティを広告に起用する際，決まったプロセスがあり，その手順に従うという．

セレブリティを起用するプロセスの参加者は，セレブリティのエージェント，クリエイティブ・メンバー，アカウント担当者である．また，広告キャンペーンの開発には，アカウント・ミーティング，クリエイティブ・ブリーフの作成，クリエイティブ提案という3つのステップがある．

広告キャンペーンにおいて，誰がセレブリティの起用を提案するかに関する質問では，大規模広告会社と小規模広告会社の両方とも，クリエイターが最も影響力を持つという（大規模広告会社74%，小規模広告会社64%）．大規模広告会社と小規模広告会社を比較した結果，大規模広告会社より小規模広告会社のほうが，アカウント担当者によってセレブリティ起用が主導される割合が高かった．

大規模広告会社でも，アカウント担当者がプロセスの主導者である（31%）ことが多いが，プロデューサー（28%）やクリエイター（26%）と役割を共有していると思われる．

一方小規模広告会社では，アカウント担当者（53%）がほとんどの場合にセレブリティの起用を主導しており，クリエイター（26%）やプロデューサー（10%）にはあまり機会がないことが示された．

セレブリティを起用するキャンペーンをクライアントに提案する前に，広告会社のマネジャーが，セレブリティについての調査を行うかどうかについて聞いた結果，広告会社の規模にかかわらず，起用対象者の調査を行うという．定性調査の際に，多くの広告会社マネジャーは，対象セレブリティの出演料を調査することは重要な事前調査項目であると回答しているという．

また，クライアントにセレブリティを起用するキャンペーンを提案する前に，小規模広告会社（62.5%），大規模広告会社（66.3%）ともセレブリティに事前にコンタクトをとっていることが明らかになった．

ただし，セレブリティの出演料が確実になってから，広告会社はクライアントに提案する必要がある．

クライアントがセレブリティを起用するキャンペーンを受け入れると，セレブリティ起用のための最終交渉と出演契約に関する詳細な公式協議が始まる．

定性調査によると，広告会社の担当者は最終的な契約が締結される前に，詳細な交渉をする必要があったという．例えば，セレブリティの過度な露出（多数の企業キャンペーンに出演）の制限に関する規定などである．セレブリティの契約期間は，概ね１カ月から48カ月にわたっているが，70%以上は１年であるという．さらに，セレブリティの広告出演料は，最初の会議から議論され，最終的な交渉の際に確定されるという．

多くの広告会社のマネジャーは，セレブリティを起用した場合，起用後にも法律問題が生じる恐れがあるという．セレブリティによる名誉失墜や長期的な人気下落などのリスクからクライアントを守るために，クライアントに保険契約を勧めているという．保険に加えて契約に含まれる一般な条項は，契約期間，支払いの方法，セレブリティの排他性，道徳条項などである．

そしてクライアントは，広告会社に新しいキャンペーン開始を委任する．アカウント・ミーティングと呼ばれるこの会議では，広告会社のアカウント担当者とプランニング・チームだけではなく，クライアントの代表であるマーケティングマネジャーおよびブランドマネジャーが参加し，多くの議論が交わされる．参加者の範囲は，キャンペーンの重要性，予算，大きさ，そして広告会社の規模と構造によって異なる．この会議で扱われる議題は，現在のキャンペーン目標，ターゲット・オーディエンスの特徴，予算などである．

アカウント・ミーティングの後に，アカウント担当者とプランニング・チームは，クリエイティブ・ブリーフを作成し，クリエイティブ・チーム（コピーライターとアートディレクター）に詳細な内容を伝える．基本的に，アカウント担当者はクライアントのキャンペーン目標を，プランナーはターゲット・オーディエンスについて解説する．セラーズによるとクリエイティブ・チームは，ブランドが表すこと，キャンペーン目標，そしてターゲット・オーディエンスの特徴について熟知する必要がある．典型的消費者，専門家，セレブリティという第三者の支持を必要とするキャンペーンの場合，クリエイティブ・チームはセレブリティを起用したキャンペーンについて考慮することになる．そして，セレブリティを起用することで，キャンペーンの目的を達成できるかどうかを議論する必要がある．その前提として候補となるセレブリティを対象に，人気，ターゲット・オーディエンスにどのようにメッセージを伝えるか，以前出演した広告，起用後の潜在的リスク要因，当該ブランドにふさわしいかどうかなどに関する定性調査が，広告会社によって行われる．

セレブリティを起用した広告キャンペーンを提案することが決まると，広告会社のアカウント，クリエイティブ，プランナーのチームはクライアント

図表5-1　セレブリティ・キャスティングのプロセスモデル

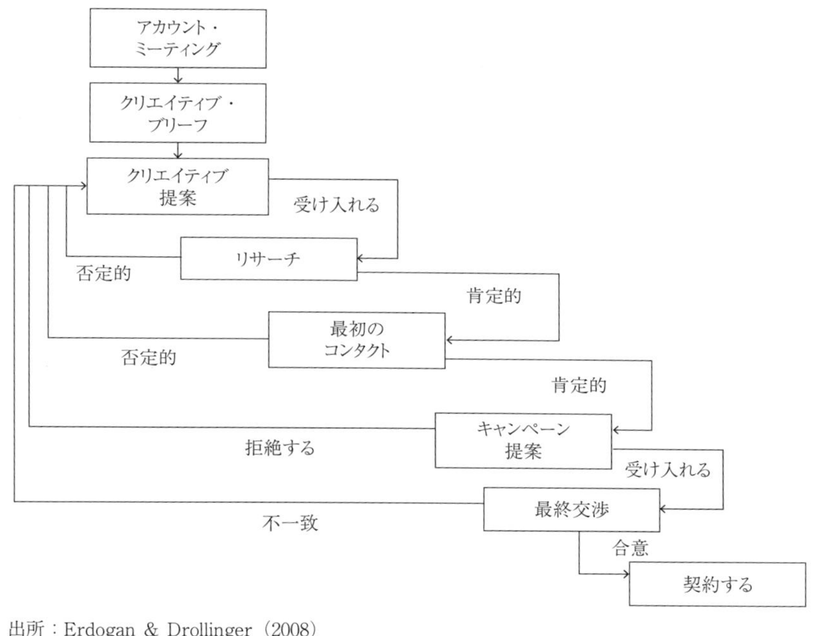

出所：Erdogan & Drollinger (2008)

にプレゼンテーションをする．クライアントがセレブリティの契約を承認したら，最終的な交渉が始まる．

最終交渉の議題は，他社広告の出演制限，キャンペーン期間，支払いの原則と方法，メディア選択，地理的範囲などである．最終契約では，予想できることと予想できないことに関する詳細な内容を包括する必要がある．例えば，セレブリティが不祥事にかかわった場合の契約終了に関するオプション，キャンペーンが市場予想を上回る場合の契約などである．

以上のセレブリティ・キャスティングのプロセスをまとめたのが図表5-1である．

この調査結果は，セレブリティを起用した広告戦略が，イギリスにおいてマーケティング・コミュニケーション戦略の重要な構成要素であることを示した．このセレブリティ・キャスティングモデルは，結果的にセレブリティ起用の効果的マネジメントを強化することにつながると考えられる．さらに，実務家は，セレブリティを起用した広告のガイドラインをマネジャーたちに提示でき，セレブリティ広告の計画と実行にこのモデルを参考にすることができるだろう．セレブリティの広告起用プロセスに関する先行研究も資料もないために，このErdogan & Drollinger（2008）による調査結果の重要性はさらに増すと思われる．

4．広告主からみたセレブリティ・キャスティング

日本と同様に，世界の中でもセレブリティ広告の割合が最も高いといわれている韓国のセレブリティ起用の実態を考察してみよう．韓国広告主協会の調査結果によると，セレブリティ広告の中で最も悩ましいのは，「過剰な出演料」であることが分かった．1億円[3)]以上の出演料を支出していると答えた広告主が，全回答者の6.2%に達していることが確認されている．韓国広告主協会の調査は，韓国のセレブリティ広告の実態を調べるために，2007年1月30日から3日間実施された．

まず，広告モデルの起用，契約，活用における問題点は何かについての質問の回答は，図表5-2のとおりである．

契約金については，1年間の専属モデルを契約基準とすると，4000万～5000万円（29.2%）が一番多く，6000万～7000万円（20.0%），2000万～3000万円（18.5%），1000万～2000万円（9.2%），8000万～9000万円（7.7%），1億円以上（6.2%）の順になっていることが分かった．

一方，広告主はいくら程度が妥当だと思うのかという質問に対し，1000万～2000万円（37.0%），2000万～3000万円（29.2%），4000万～5000万円（16.9%），5000万～1億円（9.2%）の順になっていることから，実際の支出金額と希望金額の差が大きいことが分かった．

さらに，当時の広告モデル料が高すぎる要因としては，図表5-3のように，セレブリティに依存した広告主や広告会社の戦略を挙げていた．

図表5－2　広告モデルの起用，契約，活用における問題点

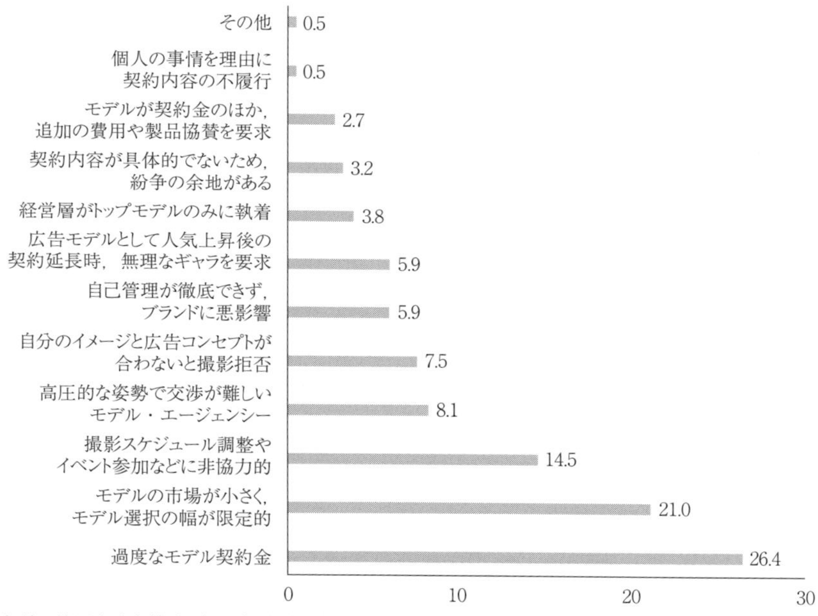

出所：韓国広告主協会（2007）を基に筆者作成

図表5－3　広告モデル契約金が高すぎる要因

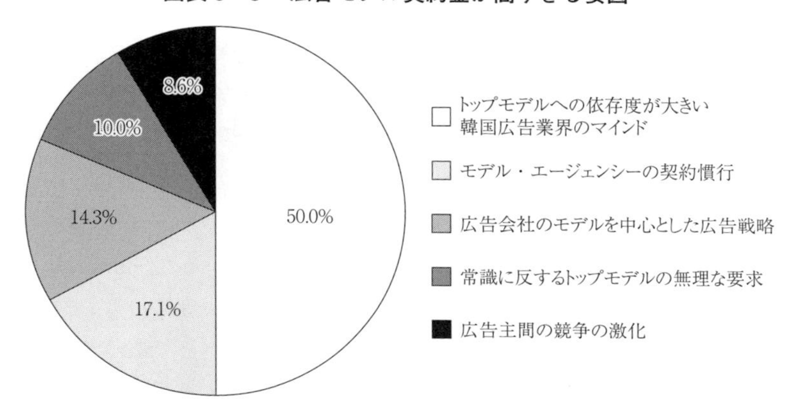

出所：韓国広告主協会（2007）を基に筆者作成

5．セレブリティの設定基準

Shimp（2007）は，セレブリティの特性から，５つの属性の英語の頭文字をとり，セレブリティ起用の効果のTEARSモデルを提示した．TEARSモデルでは，マーケティング・コミュニケーション効果を高めるために，以下のようにセレブリティの属性を分類した．

T：信頼性（trustworthiness）は，信頼できる，頼れる人として知覚される属性である

E：専門性（expertise）は，広告モデルが当該ブランドに対して有する特定のスキル，知識，能力である

A：身体的魅力（physical attractiveness）は，特定のグループに対し魅力的に映るという特性である

R：尊敬（respect）は，個人の資質や達成したことによって尊敬される属性である

S：類似性（similarity）は，年齢・性別・人種などの側面からセレブリティが視聴者と一致する程度である

Shimp（2007）は，広告モデル起用の際には上記の「TEARS」に「no」を入れて，涙を流さない（no-TEARS）アプローチが必要であるとした．主に検討すべき点としては，①セレブリティと受け手のマッチアップ，②セレブリティとブランドのマッチアップ，③セレブリティの信憑性，④セレブリティの魅力度，⑤コスト，⑥積極的に協力してくれるかくれないか，⑦飽和要素（重複出演問題），⑧トラブル要因，を挙げている．Shimpは，涙を流さない（no-TEARS）ことの重要性を強調しているように，セレブリティ起用の効果だけではなく，リスク要因を同時に検討すべきであるという．

そのリスク要因を具体的にみると，まず，セレブリティ起用に伴うコストを緻密に考慮する必要があることを提示している．さらに，実務的な側面から，一緒に働きやすいセレブリティと働きにくいセレブリティがいることも

図表5－4　VisCAPモデル

プレゼンターの特性	コミュニケーション目的
1．視認性（どれだけ知名度があるか）	ブランド認知
2．信憑性	
a．専門性（製品カテゴリーに関する知識の豊富さ）	情報型ブランド態度戦略：低関与と高関与
b．客観性（正直さや誠実さの評価）	情報型ブランド態度戦略：高関与
3．吸引力	
a．好感度（魅力的な容姿と性格）	変換型ブランド態度戦略：低関与
b．類似性（ターゲット・ユーザーとの類似性）	変換型ブランド態度戦略：高関与
4．パワー（権威のある職業や人格）	ブランド購買意図

出所：Rossiter & Percy（1997）邦訳，530頁

確認する必要がある．さらに，重複出演と不祥事の問題も事前に考慮すべきだという[4)]．

Rossiter & Percy（1997）は，セレブリティは，①1つ，またはそれ以上のコミュニケーション効果を「向上」させる必要がある時，②ターゲット・オーディエンスが製品カテゴリー内でブランド選択をする際に「情報過負荷」に陥ることが分かっている時（高関与選択状況に適用される），に起用すると，効果があるという．

また，プレゼンターとして，①セレブリティ，②専門家，③特別に創造された製品のキャラクター（人物またはアニメーション），④ライフスタイル・グループを代表する人物，⑤広告に登場したりテレビやラジオ，CMの音声として用いられたりする匿名のプレゼンターを挙げている．

彼らは，効果的なプレゼンター選択のためにVisCAPモデルを提示した．このVisCAPモデルでは，プレゼンターの特性を視認性（visibility），信憑性（credibility），吸引力（attraction），パワー（power）に分類し，これらプレゼンターの特性とコミュニケーション効果を整理した（図表5－4）．

その後，Rossiter & Bellman（2005）は，適切なセレブリティを選択するためのCESLIPプレゼンター・モデルを提示している（図表5－5）．

彼らによれば，「セレブリティ」は「ブランド再生」を向上するために非常に効果的であるという．まず，ブランドに短期間で高い視認性を与える．

図表5－5　CESLIPプレゼンター・モデル

プレゼンターの特性	条件
①　セレブリティ (celebrity)	ブランド再生の大幅な向上が目的の場合，ターゲット・オーディエンスによく知られているセレブリティを起用する（その他の目的でも，下記の他の特性によりセレブリティを起用しても問題はない）
②　専門性 (expert)	（無条件）プレゼンターがセレブリティであろうとなかろうと，プレゼンターは製品やサービスに関する技術的専門性か，またはユーザーとしての専門性を示す「専門家的なフック」を持っていなければならない
③　誠実さ (sincere)	セレブリティでない，いわゆる一般人プレゼンターは正直そうにみえ，メッセージの伝達を誠実に行えることが必要
④　好ましさ (likable)	専門家のプレゼンターは非常に好ましく見えなければならない．あるいは下記の条件では，理想的な類似性が必要
⑤　理想的な類似性 (ideal-similar)	製品やサービスが社会的に目につきやすい物の場合，専門家のプレゼンターは理想的なユーザーと類似していなければならない
⑥　力強い (powerful)	恐怖訴求のメッセージの場合，プレゼンターに威厳がなければならない（ビジュアル広告では権威のありそうな外見，音声広告では権威のありそうな声が必要）

出所：Rossiter & Bellman（2005）邦訳，249頁

カテゴリー・ニーズが同時に表現できれば，ブランド再生も高められる．一方で，ブランド再認が目的の場合，セレブリティを起用する必要はないと指摘している．また，広告に起用される人がセレブリティではない場合は，まずその人の「専門性」を広告内で示すことが必要で，通常は職業で表現されるという．起用される人が「セレブリティ」の場合は，「誠実さ」は問題にならないが，一般人を起用する場合は，「誠実さ」が必要であり，起用される人の「好ましさ」も追加的な効果を生み出すことができる．使用時に周囲の目に付きやすい（社会的顕示性のある）ブランド，製品，サービスの広告に起用される人には，消費者にとって単なる好ましさよりも「理想的な類似性」という特性が重要となる．一方，恐怖訴求のようなメッセージを伝える際には「力強さ」が重要である（Rossiter & Bellman, 2005）．

Miciak & Shanklin（1994）は，イギリスにおけるセレブリティ広告の現状について，22人の企業実務者と21人の広告会社の広告担当者を対象に調査した．対象製品カテゴリーは，飲み物（ビール，ソフトドリンク），スポーツ用品，トイレタリー，自動車とした．調査対象者は，セレブリティ広告に

関する豊富な経験を持っている人々である．この43人の広告会社と企業の広告実務関係者により，セレブリティ・キャスティングのもっともらしい評価基準25を次の5つにまとめることができた．それは，信頼できること（trustworthy），ターゲット・オーディエンスに容易に認知されること，手頃感（affordable），ネガティブなパブリシティというリスクが少ないこと，意図しているオーディエンスと適切にマッチすること，の5点である．

そして，ヤング・アンド・ルビカム（Young & Rubicam）社のブランド評価である「FRED」をセレブリティ広告に適用したのが「FREDD」である．それは，ヤング・アンド・ルビカムの「FRED」に振る舞いという要素を加えた，親近感（farmiliarity），適切さ（relevance），尊敬（esteem），差別化（differentiation），振る舞い（deportment）である．これがセレブリティ起用を検討する際の戦略的フレームワークの中核的な要素である．

ターゲット・オーディエンスにとっては，セレブリティが，親近感を持てること，他のセレブリティとは異なっていること，尊敬されていること，適切な振る舞い，が必要である．この英語の頭文字をとって「FREDD」と名付けてセレブリティ起用の選択評価基準とした．彼らは，セレブリティ起用のプロセスを第一に，潜在的な起用候補リストを作成し，そのリストからセレブリティの特色を「FREDD」選択評価基準に当てはめることによって選び出すことができると提案している．

6．セレブリティ・マトリックス（評価基準）

6-1．アメリカ

マーケティング担当者は，企業やブランドのためにセレブリティを起用する際，多くの要因について考慮する．ターゲット消費者の製品やブランドとセレブリティとの関係における重要な要因として，有名人のイメージ，有名人の出演料，信頼性，リスクなどを総合的に検討する必要があるだろう．アメリカでは「セレブリティ」の起用に際して，Marketing Evaluation 社のQスコアを用いることが多い．同社には2万5000名以上の消費者を対象としたセレブリティに関する調査のデータがあり，セレブリティの魅力に関する人口統計学的な情報と，スポークスパーソンの選択肢のための情報をまとめ，キャスティングの決定などのためにデータを提供している．そのカテゴリーが，消費者関与のために必要とする貴重な基準を提供する．調査対象となるのは，映画俳優や女優，プライムタイムのテレビスター，有名スポーツ選手，ソーシャル・メディアのインフルエンサー，ミュージカルパフォーマー，シェフ，コメディアン，モデル，ファッションデザイナー，ニュースキャスター，コンシューマー・レポーター，番組の司会者などで，1800名以上のセレブリティのデータは毎年1月と7月にアップデートされるという．

調査対象は大人18歳以上，子供6～12歳，十代の若者13～17歳であり，世帯別の人口統計（所得，教育，地域，人種，民族など）も調査対象となる．さらに，メディア接触としては，①ソーシャル・メディア・ユーザー（Twitter，Facebook，YouTube），②テレビの視聴者，③ストリーミングビデオ視聴者（Netflix，Amazon ビデオ，Hulu），③映画観客を対象に調査を行っているという．

調査の方法は，まず「あなたはこの人について聞いたことがありますか」という親近感の測定をしてから，悪い（poor），まあまあ（fair），良い（good），とても良い（very good）で評価してもらうことになる．親近感のスコアは調査対象のセレブリティについて耳にしたことがある人の比率であるが，当該セレブリティに好意的な人のスコアは人気度の尺度である．

例えば，平均的なセレブリティは，16％のQスコアを獲得しているが，ドナルド・トランプアメリカ大統領のQスコアは，1年前にはわずか7％だったという．さらに，「セレブリティ」のネガティブなQスコアの平均は18％であるが，トランプ大統領のネガティブなQスコアは45％だったという（Maglio, 2016）[5)]．

一方，測定方法の単純さからQスコアはその限界を指摘されてきた．Qスコアは，セレブリティの潜在的な指標であり，よく知られているセレブリティが，より効果的であると出る．しかし，その個人的な特性だけがセレブリティ起用の有効性ではない．メッセージ，コンテンツ，クリエイティブ・コンテンツに加えて，出演者，製品，および視聴者の属性なども検討する必要があるという（Miciak & Shanklin, 1994）．

6-2. 日本

日本では，ビデオリサーチ社による「タレントイメージ調査」と，東京企画CM総合研究所（以下，CM総合研究所）の「CMタレント好感度ランキング」などが，セレブリティ・マトリックスとして挙げられる．

CM総合研究所は，関東一都六県在住のモニター3000名による月例CM好感度調査において，「好きな」CMの「好きな点・印象に残った理由」を，15項目から選択させている（複数回答可）．この中の「出演者・キャラクター」の項目のポイントを，出演タレント別に集計したものが「CMタレント好感度ランキング」である．CMに複数のタレントが出演している場合は，ポイントがそれぞれに加算されるという．同社の2016年4月～2017年3月までの「2016年度CMタレント好感度ランキング」をみると，男性部門で1位に輝いたのは2年連続で桐谷健太となった．KDDI「au」の「三太郎」シリーズでは，乙姫に恋する純情な青年であり，学校に通えば天才的なユニークさを発揮する「浦ちゃん」こと浦島太郎を演じている．2位には桃太郎役の松田翔太，3位が金太郎役の濱田岳，鬼役の菅田将暉は4位，5位には一寸法師役の前野朋哉がランクインし，「三太郎」シリーズの出演者が上位を独占した．

女性部門の1位も「au」の「三太郎」シリーズから，桃太郎の妻「かぐちゃん」を演じた有村架純となり，2年連続でCMクイーンの座を射止めた．彼女はKDDIのほか，伊藤園，日本中央競馬会，第一三共ヘルスケアなど，幅広い業種の11社に出演した．2位にも「三太郎」シリーズで乙姫を演じた菜々緒が入った．彼女はP&G，オープンハウスなど，目力のある個性的なキャラクターを活かして8社に出演している．KDDIとしのぎを削るソフトバンク勢からは，「SoftBank」で「白戸家」シリーズに出演中の上戸彩，樋口可南子が3位・4位と続いてランクインしたという（CM総合研究所「2016年度CMタレント好感度ランキング」）．

一方，ビデオリサーチ社の「タレントイメージ調査」によると，2017年8月度の調査結果を男女別に10位までみると図表5-6のようになる．両社のランキングを比較してみると異なる結果になっていることから，調査内容によってセレブリティの評価は大きく異なることが分かる．したがって，マー

図表5-6　ビデオリサーチ社のタレントイメージ調査結果　（2017年8月）

順位	女性タレント名	人気度（%）	男性タレント名	人気度（%）
1	新垣　結衣	52.2	明石家　さんま	54.7
2	浅田　真央	49.4	阿部　寛	52.6
3	天海　祐希	48.8	マツコ・デラックス	51.3
4	綾瀬　はるか	45.3	博多華丸・大吉	47.6
5	DREAMS COME TRUE	43.0	内村　光良	46.7
6	深田　恭子	42.7	イチロー	46.4
7	石原　さとみ	41.2	所　ジョージ	46.4
8	渡辺　直美	40.9	サンドウィッチマン	44.2
9	イモトアヤコ	40.5	阿部　サダヲ	43.9
10	北川　景子	39.5	タモリ	43.7

出所：ビデオリサーチ（2017）
注：本調査は，ビデオリサーチ社によって，2017年7月29日（土）から8月6日（日）までに行われた，1130人を対象にした調査である．（http://www.videor.co.jp/talent/woman/index.htm：最終アクセス2017年10月4日）

ケティング・コミュニケーション戦略におけるセレブリティのキャスティングは，当該キャンペーンの特性やクリエイティブなどから，セレブリティ・キャスティングの基準を明確にしなければならないことを示していると考えられる．さらに，実務では，上記のような調査データがない新人などの場合はソーシャル・メディアのフォロワー数やページビュー（PV）数，動画の再生回数などのデータも，ポテンシャル性と話題性として起用効果の予測だけではなく，起用効果を測定する指標として使用されている．

7．まとめ

本章では，セレブリティ・キャスティングの実態と評価基準などを考察した．日本におけるセレブリティの起用は世界で最も高い水準であり，集団主義文化の特徴とも指摘されている．しかし日本国内のセレブリティ・キャスティングに関連する調査結果や研究成果がないことから，外国のキャスティングや広告主などの調査結果を考察した．さらに，セレブリティ・キャスティングの恣意性を排除するための評価基準に関する調査結果やその測定方法に関する現状も考察した．セレブリティ・コミュニケーションは，効果的なマーケティング・コミュニケーション戦略であるが，セレブリティであるか否かにかかわらず，起用だけすればその効果が発揮されるものではない．したがって，利害関係者による個人的な好みや恣意的要素[6)]を排除し，キャンペーン全体のクリエイティブ性などから科学的な手法に基づいたキャスティングが求められている．さらに，セレブリティ・キャスティングは，当該ブランドや企業のマーケティング・コミュニケーション戦略上どのように活用できるかを緻密に検討したうえで，展開すべきであろう．

〈注〉

1)　一方，Louie, Kulik & Jacobson（2001）は，セレブリティに関わる不祥事があるとそのセレブリティを起用した広告主の企業価値（株価）が下がることを実証している．
2)　本節は，筆者によって抄訳された「イギリスではどのように有名人を広告に起用しているのか」『日経広告研究所報』246号（原典はErdogan & Drollinger, 2008）の内容を基に手を加えた内容である．
3)　1円＝10ウォンとして換算した場合である．
4)　重複出演については，第6章で考察する．
5)　Here's Donald Trump's Horrible Q Score（http://www.thewrap.com/heres-donald-trumps-horrible-q-score/：最終アクセス2017年10月4日）
6)　業界関係者によると，例えばオーナー系企業では，オーナーが気に入っているかどうかのような恣意的要因も無視できないという．

セレブリティのネガティブな効果—重複出演の実態を中心に—

1．はじめに

わが国の広告業界ではいまだに「セレブリティを起用しておけば安心」という風潮が強いが，本章ではセレブリティのネガティブな効果について考察してみよう．セレブリティに関するネガティブな情報は，広告だけではなくそのセレブリティを起用した商品およびブランドにも悪影響を与えるという．例えばアメリカでは，レンタカーのHertz社の広告キャンペーンに起用されたO.J.シンプソンが事件にかかわったことで，Hertz社にもネガティブな影響を及ぼした．また，ペプシコーラに起用されていたマイケル・ジャクソンによる不祥事（性的虐待）により，ペプシコーラ側は大きなダメージを被った．さらに，タイガー・ウッズの不倫スキャンダルによって，広告主の株式市場での価値が最大120億ドル損なわれた可能性があるという調査結果もある[1)]．

これらのセレブリティによる不祥事は，企業の市場価値にまで影響を及ぼす（Louie, Kulik & Jacobson, 2001）．Amos et al.（2008）によるメタ分析の結果からも，ネガティブなセレブリティ情報が広告キャンペーンに非常に有害であることが明らかになった．したがって，ネガティブなセレブリティ情報がマーケティング・コミュニケーションにどのような影響を与えるかという，セレブリティ・コミュニケーションのリスク要因を体系的に考察する必要がある．

本章では，さまざまなリスク要因について確認したのち，セレブリティ・コミュニケーションの最大のリスク要因である「セレブリティの重複出演の効果」について検証する．具体的には，同一セレブリティが多数の企業ブランドに重複出演する場合の効果を明らかにし，重複出演しているブランドにどのような影響を与えるかを比較分析して，マーケティング・コミュニケーション戦略におけるセレブリティ・コミュニケーションの方向性を検討する．

2．先行研究

セレブリティ・コミュニケーションのリスク要因として，①セレブリティの重複出演，②オーバーシャドー効果，③セレブリティの不祥事，④セレブリティの人気低下，⑤セレブリティの不注意，などを挙げることができる．

2-1．セレブリティの重複出演

セレブリティの知名度・好感度などの人気を基に，多数の製品およびブランドの広告に起用されると，コミュニケーション効果が期待できなくなる．セレブリティの重複出演は，信憑性・好感度・広告への態度にネガティブな影響を及ぼしている（Tripp, Jensen & Carlson, 1994）．

ブランド・コミュニケーションの観点からも，同じセレブリティがあまりにも多くの商品およびブランドの広告に出演してしまうと，特定の商品およびブランドとの結びつきが弱くなってしまう恐れがあると考えられる．その結果，強く，好ましく，そしてユニークなブランド連想を構築するブランド・コミュニケーション効果は期待できなくなる．

認知心理学の記憶（memory）関連の研究から重複出演の問題を考察することもできる．視聴者は，視聴したすべてのセレブリティ広告を記憶しているわけではない．その理由には，視聴した広告は時間の経過とともに忘却が進み，消失した結果であるとする「減衰（decay）説」と，別に行った活動が邪魔になって忘却が引き起こされた結果であるとする「干渉（interference）説」がある（高橋，2008）．

セレブリティの重複出演の問題は，「干渉説」から照らしてみることができる．視聴者は，同一のセレブリティが出演した複数の広告を視聴すると，それらの広告の記憶に相互に干渉することになる．その結果，時間的に後から視聴した広告の記憶のために，先に視聴した広告の記憶を忘却する逆向干渉（retroactive interference）と，時間的に先に視聴した広告の記憶のために，後に視聴した広告を忘却する順向干渉（proactive interference）が生じる．

さらに，我々の記憶は正確ではないため，ある製品やブランドに起用されたセレブリティが，別の製品やブランドと誤って結びつけられることもある．また，競合ブランド，あるいは全く関係のない企業の広告を思い浮かべる検索エラー（retrieval errors）もある．

これらの心理学の理論に加え，広告主のキャンペーン予算の差異も考慮しなくてはならない．予算は広告主とキャンペーンによって大きく異なり，複数の広告に同じセレブリティが出演した場合，GRP（延べ視聴率）はさまざまであろう．放送回数が多い広告が放送回数が少ない広告の記憶に干渉したり，検索エラーを引き起こしたりする可能性も高いと考えられる．

2-2. オーバーシャドー効果

セレブリティ・コミュニケーションの主な効果に，「アテンションゲッター」として広告に対する注意や興味を高めることがあるが，一般的に我々は情報処理の際の労力を節約する認知的倹約家（cognitive miser）であり，すべての情報を考慮して判断するのではない．セレブリティの出演している広告であっても，認知的なエネルギーを節約するため注意を払わない，または無視してしまうこともある．

選択的知覚（selective perception）の観点からも検討することができる．選択的知覚とは，さまざまな情報があっても，自分が持っている知識，信念，態度，期待などに一致する情報だけが知覚されることである．これには，選択的注意，選択的記憶，選択的解釈などの過程を含む．さらに選択的知覚は，自分が属している環境の中で，他のことを排除して，ある属性に焦点を合わせて知覚することを意味する．これらの理論からすると，同一のセレブリティが出演している複数のCMを視聴した視聴者は，すべての広告に対して注意・記憶・解釈するわけではなく，その中で選択的に注意して記憶している可能性が高いと考えられる．その結果，セレブリティが重複出演しているにもかかわらず，本人の興味がある部分だけを選択的に知覚する．例えば，セレブリティには注意をするが，広告対象製品およびブランドには注意を払わないようなことである．このようなリスクを一般的にはオーバーシャドー効果，またはアメリカの実務では，セレブリティを吸血鬼「ヴァンパイア」にたとえ，広告主の製品およびブランドへの注意を吸いつくすとしてヴァンパイア効果ともいう．

2-3. セレブリティの不祥事

それから，セレブリティによる不祥事が挙げられる．アメリカでは，元プロアメリカンフットボール選手のO.J.シンプソンや，ミュージシャンのマイケル・ジャクソン，プロゴルファーのタイガー・ウッズなど，セレブリティの不祥事に関連して広告が中止される問題があった．例えばタイガー・ウッズの場合，2009年の自動車事故をきっかけに，不倫スキャンダル報道が過熱し，彼を起用した広告のほとんどが中止となり，多くの広告主がダメージを被った．セレブリティによる不祥事と広告の問題は，当該セレブリティが出演した広告キャンペーンだけではなく，企業の市場価値にまで影響を及ぼす（Louie et al., 2001）．

したがって，セレブリティにかかわる予想できない偶発的な不祥事は，多くの広告主にとって最も警戒すべきリスク要因である．しかし，それは予想できないため，コントロールが不可能である．

2-4. セレブリティの人気低下

セレブリティが人気を失ってしまう恐れもある．人気は永久不滅なものではない．セレブリティが人気を失うと，起用した広告主の製品およびブランドの魅力も下がる恐れがある．特に，人気の変化が激しいのがスポーツ選手であろう．スポーツ選手の場合，成績の変動が激しい．例えば，オリンピックで有力なメダル候補だった選手が予選で敗退してしまうと，当該選手を起用する広告のその後の効果はあまり期待できなくなる可能性がある．スポーツ選手に限らず，交際発表・結婚発表なども，当該セレブリティの人気と連動する場合があるので，十分な注意が必要であろう．

2-5. セレブリティの不注意

起用されているセレブリティの，広告キャンペーン中の不注意などの問題もある．例えば，広告ではAブランドの良さをアピールしているあるセレブリティが，実生活では，競合ブランドであるBブランドの愛用者であることが知られる場合がある．

また，近年はセレブリティによる不適切な発言などが，インターネット上で「炎上」し，マス・メディアで報道されてしまうことも，ソーシャル・メディア時代に増えているリスク要因であろう．2008年には，ハリウッド女優のシャロン・ストーンがカンヌ国際映画祭のインタビューの中で，「四川大地震はチベット問題における中国当局の対応の報い」という内容の発言をし，それが中国国内で大きく報道された．そのため，彼女が起用されていたクリスチャン・ディオールの中国向け広告は，すぐ中止される事態となった．

2011年の東日本大震災の際には，大量放映されたACジャパンの広告の中で，有名タレントを起用した震災対応型広告に対する視聴者のネガティブな反応が目立った[2)]（朴・亀井，2012）．セレブリティは，外見，出身地，これまでの配役などからさまざまなイメージを形成されているため，一見良いイメージのセレブリティでも，好ましくない感情を持っている層が少なからず存在することが確認されたといえよう．

以上のようなセレブリティ・コミュニケーションのリスクは，重複出演などの広告主がクリエイティブの段階からコントロールできる要因と，不祥事・人気低下・不適切な発言などのクリエイティブ段階ではコントロールできない要因に分類することができる．本章では，クリエイティブの段階で制御可能なセレブリティの重複出演に焦点を絞って，その現状と効果を検証してみる．

3．調査：重複出演の効果

本研究の調査対象セレブリティとして，2012年の東京地区のCMの起用社数ランキングから男女別上位4名ずつを選び，テレビ視聴実態，出演したCMから製品およびブランドを再生できるか，CMに対する態度などを調査した．調査では，東京都在住の19歳から64歳までの一般消費者595名を対象に，インターネット調査を行った．調査実施期間は2013年2月18日から2月20日であった．

3-1．調査対象者のテレビ視聴時間

調査対象者の平日の1日平均テレビ視聴時間は平均3.84時間であった．年代別にみると，19～29歳が3.52時間，30～39歳が3.60時間，40～49歳が3.91時間，50～59歳が3.91時間，60～65歳が4.71時間であった．このテレビ視聴時間を従属変数とし，被験者の年代を独立変数として，一元配置分散分析を行った．その結果，テレビ視聴時間への影響は年齢によって異なることが確認され（$F(4, 590)=3.65$，$p<0.01$），年配者のほうが若年者よりも平日の1日平均テレビ視聴時間が長いことが確認された．

性別でみると，男性3.82時間，女性3.87時間であった．検証した結果，性別によるテレビ視聴時間への影響はなかった（$F(1,593)=0.089$，n.s.）．

さらに，世帯年収別でみると，100万円未満が3.28時間，100万～299万円が3.96時間，300万～499万円未満が3.93時間，500万～699万円が4.05時間，700万～899万円が3.46時間，900万円以上が3.84時間であった．検証した結果，世帯年収とテレビ視聴時間とは関係ないことが分かった（$F(5,589)=1.633$，n.s.）．

3-2．再生結果と調査対象者属性との関係

調査対象セレブリティの起用企業数は，セレブリティA（男）15社，セレブリティB（男）12社，セレブリティC（男）12社，セレブリティD（男）11社，セレブリティE（女）17社，セレブリティF（女）20社，セレブリテ

図表6－1　セレブリティごとの再生結果

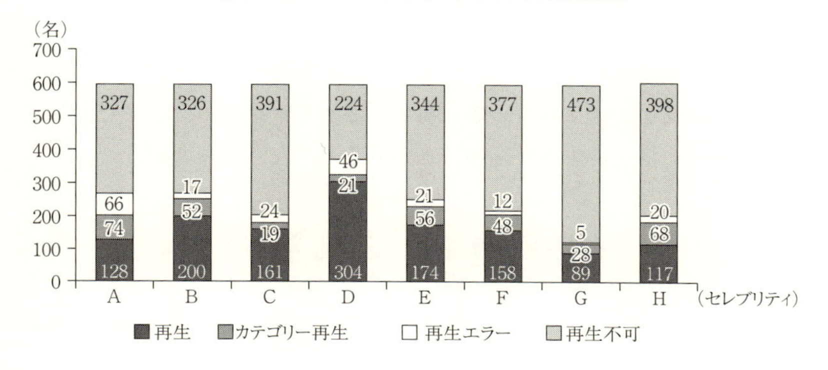

ィG（女）17社，セレブリティH（女）19社であった[3)]．

調査のプロセスは，まず調査対象セレブリティの実名を提示して当該セレブリティが出演したと思うCMを記入させた[4)]．出演したCM（ブランド名も含む）を正確に記入した場合は「再生」，出演したCMの製品およびブランドの製品カテゴリーを記入した場合は「カテゴリー再生」，実際に出演したCMとは異なるCMを記入した場合は「再生エラー」，記入できない場合は「再生不可」と分類した．その結果をセレブリティ別に図表化したのが図表6－1である．

調査結果から，セレブリティの名前から起用したCMや広告主の製品，ブランドをまったく再生できない「再生不可」の回答が，再生率が高いセレブリティDを含めても平均で60％を占めていることが分かる．セレブリティ別の再生不可率は，セレブリティA＝55％，セレブリティB＝55％，セレブリティC＝65％，セレブリティD＝38％，セレブリティE＝58％，セレブリティF＝63％，セレブリティG＝79％，セレブリティH＝67％であった．

セレブリティと再生率の関係を確認するために，カイ二乗検定を行った．その結果，セレブリティによって再生率が異なることが明らかになった（$\chi^2(21)=450.638$，$p<.00$）．さらに，性別・年代・テレビ視聴時間と再生率との関係性を確認するために，カイ二乗検定を行った．その結果，性別（$\chi^2(3)=94.053$，$p<.00$），年代（$\chi^2(12)=113.48$，$p<.00$），テレビ視聴時間

($\chi^2(18) = 318.875$, $p < .00$）における再生比率の差は有意であった．

これらのカイ二乗検定の結果をみると，性別は女性のほうが男性よりもセレブリティの起用されたブランドを正確に再生した割合が高かった．年代では30代が，40代と50代よりも正確に再生した割合が高かった．また，テレビ視聴時間が長いほど再生率が高いことが明らかになった．

3-3. セレブリティ別の再生結果

セレブリティごとに，出演した広告主別の再生結果をみると図表６－２の通りである．図表にみられるとおり，セレブリティごとの再生結果は特定の広告主に偏っていることが確認された．

以上の結果から，視聴者はセレブリティの出演したすべての広告を記憶しているのではなく，一部の広告だけを記憶していることが明らかになった．さらに，調査対象者595名が全く再生できないCMが多く存在していることも確認された．その内訳は，セレブリティA＝５社，セレブリティB＝３社，セレブリティC＝６社，セレブリティD＝５社，セレブリティE＝９社，セレブリティF＝11社，セレブリティG＝９社，セレブリティH＝８社であった．したがって，再生される企業は非常に限定的であり，さらに一部のわずかな企業にセレブリティ起用の効果が集中していると考えられる．

図表６－２　セレブリティ広告の広告主別の再生結果

（名）

	広告主																			
	1	2	3	4	5	6	7	8	9	10	11	12	13	14	15	16	17	18	19	20
セレブリティA	0	20	61	18	0	5	0	1	8	0	2	3	0	3	7	／	／	／	／	／
セレブリティB	3	5	94	13	9	13	31	11	0	0	21	0	／	／	／	／	／	／	／	／
セレブリティC	0	0	0	73	0	20	0	4	1	62	1	0	／	／	／	／	／	／	／	／
セレブリティD	3	0	0	0	29	36	0	50	29	0	157	／	／	／	／	／	／	／	／	／
セレブリティE	3	0	79	22	0	0	0	18	0	6	0	0	0	0	2	43	1	／	／	／
セレブリティF	6	2	0	0	72	0	0	0	4	0	0	7	0	1	0	0	61	4	1	0
セレブリティG	26	10	0	0	1	1	0	0	2	0	6	0	0	0	0	41	2	／	／	／
セレブリティH	1	2	0	0	3	0	2	0	6	0	0	24	1	0	2	0	19	31	26	／

注：番号は分析のためにつけたもので、同じ番号でも同一の広告主ではない

3-4. 再生と放送回数の関係

次に，再生状況と放送回数間の関係を検証する．放送回数には，2012年1月から2013年2月までの14カ月間のCMデータを用いた．放送回数に関するデータは，CM総合研究所の協力を得た．調査対象のセレブリティごとの再生とCMの放送回数間の関係をみると以下のとおりである．

セレブリティAは，再生とCMの放送回数間の相関関係を検証すると，相関係数は－0.005，n.s.であり，再生状況とCMの放送回数間には関連性がないことが確認された．

セレブリティBは，相関係数は0.635（$p<.05$）であり，正の相関関係が確認された．

セレブリティCは，相関係数0.360（n.s.）であり，関連性がないことが確認された．

セレブリティDは，相関係数は0.740（$p<.01$）であり，強い正の相関関係が確認された．

セレブリティEは，相関係数は0.518（$p<.05$）であり，正の相関関係が確認された．

セレブリティFは，相関係数0.282（n.s.）であり，関連性がないことが確認された．

セレブリティGは，相関係数は0.538（$p<.05$）であり，正の相関関係が確認された．

セレブリティHは，相関係数－0.190（n.s.）であり，関連性がないことが確認された．

以上の結果から，出演したCMの再生状況とCM放送回数間の間に相関関係があるのは，セレブリティB・D・E・Gであり，相関関係がないのはセレブリティA・C・F・Hであった．

つまり，同じセレブリティCMでも，半分のセレブリティでは再生とCM放送回数との間に関係はなかった．

3-5. 再生有無とCMに対する態度・テレビ視聴時間との関係

続いて，被験者の普段のCMに対する態度と，再生有無との関係性を探ることにした．まず，CMに対する態度を測定した．①テレビ広告（CM）は有効な情報を提供してくれる，②テレビ広告（CM）はあまり注意を払わない（反転），③テレビ広告（CM）は楽しい，④テレビ広告（CM）が好きだ，⑤普段番組と同様にテレビ広告（CM）を見ている，という5つの質問項目を設けた．以上の構成概念は，5段階リッカート・スケール（全くそう思わない～非常にそう思う）を採用して測定し，下位得点を算出した．

この下位得点を従属変数とし，セレブリティ・コミュニケーションの再生結果（再生，カテゴリー再生，再生エラー，再生不可）を独立変数として一元配置分散分析を行った．その結果，図表6－3のように再生（14.62）・カテゴリー再生（14.61）・再生エラー（14.73）と再生不可（12.69）との間に有意差が確認された（$F(3{,}4756)=1439.56$，$p<0.00$）．CMに対してネガティブな態度を持っている視聴者は，セレブリティの出演CMを記憶していない可能性が高いことが確認された．一方，CMに対してポジティブな態度を有している視聴者は，セレブリティの出演した広告を再生・カテゴリー再生・再生エラーの形で記憶していることが確認された．その結果が図表6－3である．よって，普段のCMに対する態度および行動は，セレブリティ・コミュニケーションの効果と密接な関連性があることが明らかになった．

さらに，テレビ視聴時間と再生結果の関係を探ることにした．テレビ視聴時間を従属変数とし，再生結果（再生，カテゴリー再生，再生エラー，再生

図表6－3　テレビCMに対する態度と再生結果との関係

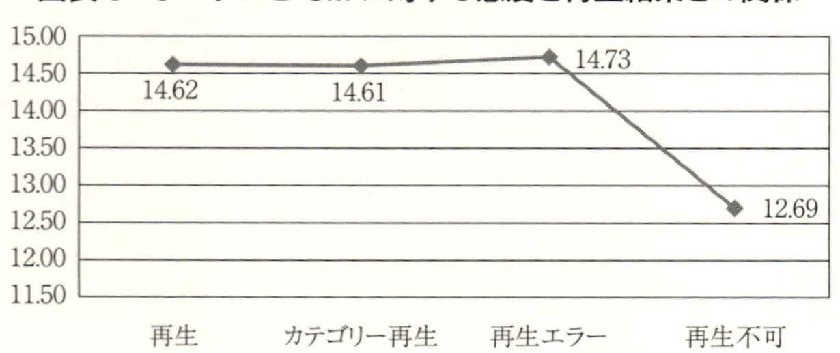

不可）を独立変数として一元配置分散分析を行った．その結果，再生（4.41）・カテゴリー再生（4.20）・再生エラー（4.45）と再生不可（3.49）との間に有意差が確認された（$F(3,4756)=302.085$, $p<0.00$）．この結果から，テレビ視聴時間がセレブリティ・コミュニケーションの再生に影響していることが確認された．テレビ視聴時間が短いグループではセレブリティの出演したCMを記憶していない可能性が高く，ここでもテレビ視聴時間が長いほど再生・カテゴリー再生・再生エラーという形でセレブリティの出演した広告を記憶していることが分かった．

4．まとめ

本章では，セレブリティ・コミュニケーションのリスク要因を考察すると同時に，リスク要因の中でも特に重複出演効果に焦点を絞って調査を実施した．この結果からセレブリティ・コミュニケーションの課題をまとめると，以下のようになる．

この調査結果で最も注目すべきなのは，セレブリティを起用したCMであっても再生されない「再生不可」の回答が非常に多かったことである．このことから，セレブリティ・コミュニケーションはすべての視聴者に有効かつ万能なコミュニケーション戦略ではないことが確認された．これまでは，すべての視聴者に万能なコミュニケーション戦略はないという現実を看過し，セレブリティ・コミュニケーションの効果を過信して，人気度が高いセレブリティを多くの企業が重複して起用してきた可能性が高い[5)]．ブランド・コミュニケーションの観点からすると，セレブリティを起用したブランド・コミュニケーション戦略の価値を発揮するためには，セレブリティからブランドへの意味移転が必要とされる．意味移転プロセス（McCracken, 1989）によって，セレブリティが持っている意味がセレブリティから製品に，また製品から消費者に移転されることで，そのキャンペーンは成功に近づく（第3章，第9章参照）．

セレブリティを起用したにもかかわらず，視聴者に再生されなかった広告キャンペーンは，その効果が限定的で一時的な効果にとどまってしまった可能性が高い．その結果，ブランド連想を一時的に好ましくすることはできても，強く，そしてユニークなブランド連想までには至らなかったと考えられる．

また，同じセレブリティが重複して出演した場合，その再生結果は一部の広告キャンペーンに集中している．加えて，CMの放送回数と再生率に関係があったのは，調査対象セレブリティの半分であった．ただし，CMの放送回数が多くても再生されないケースと，比較的少なくても再生されるケースの要因を探ることはできなかった．

これらの検証結果から，多数のキャンペーンに重複出演しているセレブリティを起用している広告主や，これから起用を検討している広告主は，媒体予算をうまく配分するよう熟慮すべきである．競合する広告キャンペーン[6)]より多くの媒体予算を確保できる場合は，有効なクリエイティブ戦略の1つとしてセレブリティ起用を検討しても構わないが，ブランドの認知度・広告予算・キャンペーンあたりのGRPなどの点で不利な状況の場合は，クリエイティブ戦略策定の段階から慎重な検討を行うべきであろう．特に，広告およびキャンペーン予算がそれほど多くない中小規模の広告主にとっては，人気セレブリティの起用はクリエイティブ戦略上注意すべきであると確認された．

セレブリティ起用CMの再生率を人口統計学的な側面からみると，女性のほうが男性よりも高かった．さらに，30代のほうが40代と50代よりも高いことが確認された．この結果から，セレブリティの起用は30代女性をターゲットとしている製品およびブランドのコミュニケーション手段としてより有効であることが示された．

認知的側面の選択的知覚・認知的倹約などの理由からは，「再生不可」が多いのは，CMに対する態度がネガティブなグループ，また平日1日のテレビ視聴時間が短いグループで，これらはセレブリティ・コミュニケーションの効果が高くないことが分かった．さらに，「再生」，「カテゴリー再生」，「再生エラー」間で記憶の干渉が確認されたことは興味深い．記憶の干渉と選択的知覚・認知的倹約が確認されたように，回答したグループを「再生」，「カテゴリー再生」，「再生エラー」と「再生不可」とに分けることができたことで，認知心理学のアプローチも必要であることが明らかになったと考えられる．

広告業界では，セレブリティの人気がそのまま広告の効果として表れると過信されているのではないかと思われる．セレブリティの人気を利用して広告効果を高めるには，当該広告キャンペーンのクリエイティブ上，そのセレブリティの起用に必然性があることが大事な要素となる．セレブリティの人気だけに頼ったのでは，真に伝えたい広告コンセプトをクリエイティブ上で表現できない恐れもある．

本調査の限界と今後の課題としては，調査および測定の方法を多様化する必要性が挙げられる．本調査では，再生法だけを用いて広告キャンペーン効果を測定したが，広告の目標はブランド構築だけではないため，再認法[7)]などによる調査も必要であろう．店舗などで買い物をする際に，ブランドや製品からセレブリティが思い浮かぶこともセレブリティ・コミュニケーションの効果になる．したがって，今後の研究では多面的な調査方法を採用する必要性がある．

本章の調査結果では，セレブリティによって再生の割合がかなり異なることも確認された．セレブリティDの広告主11は非常に高い再生率を示した．この結果から，重複出演にもかかわらず高い再生率を維持する要因を探ることも意味ある研究になるだろう．今後は，再生率が高いセレブリティとそうではないセレブリティを比較して，その要因を検討する必要がある．

また，「再生」，「カテゴリー再生」，「再生エラー」となったグループ間の因果関係と，選択的知覚・記憶の干渉などの認知心理学的理論から認知プロセス究明をする必要もある．さらに，関心がない，あるいは記憶されていないと回答した「再生不可」グループの実態も把握する必要がある．

最後に，セレブリティの起用に直接携わっている広告主と広告会社の担当者を対象にした定性調査の必要があるだろう．広告の実務におけるセレブリティの重複出演の課題を解決するためには，セレブリティを起用している現場の実態を把握して，より実質的な研究成果として発展させることも意味があるだろう．

〈注〉

1) 「タイガー・ウッズ選手の不倫騒動，スポンサー企業の株主価値に最大120億ドルの損失＝調査」（http://jp.reuters.com/article/idJPJAPAN-13151720091230?rpc=122：最終アクセス2017年10月20日）.
2) 有名タレントを起用した震災対応型の広告に対する評価は厳しかったが，有名サッカー選手を起用したものに対する評価は高かった.
3) 本章では広告研究の側面からセレブリティの重複出演に焦点を絞って考察しており，調査対象セレブリティと広告主の実名はすべて伏せている.
4) 記憶の程度を測定する再生法を用い，一切ヒントを与えず調査対象セレブリティだけを示して，起用した広告主の製品およびブランドがどの程度思い出されるかを測定した.
5) 梶（2001，2006）は，日本のCMのほとんどが「有名タレント依存症」に陥った結果，コマーシャルの主役が商品ではなくタレントになってしまい，特に大物タレントを起用したコマーシャルは，商品にかかわる情報が必要以上に二次的になる傾向があると指摘した.
6) 同じセレブリティを起用している広告キャンペーンを指す.
7) 再認法とは，記憶の程度を測定する調査方法である．例えば，被験者に調査対象の広告主やブランドを提示して，当該セレブリティが起用されているか否かの回答をさせる.

有事・不祥事の際のセレブリティ・コミュニケーション[1)]

—東日本大震災を事例として—

1．はじめに

2011年の東日本大震災は，甚大な人的・物的被害をもたらした．大手企業のマーケティング・コミュニケーション活動に関しても，民放テレビにおいては，発生直後にCM挿入を止めた．以後，約74時間にわたって報道特番を流し続けたテレビ朝日をはじめとして，テレビ東京を除くほとんどのテレビ局において，60時間強のCM放送時間の大半がACジャパンの公共広告に切り替えられた．以降10タイプ強の公共広告CMが，繰り返し大量に放送された．震災発生後1週間辺りから，ACジャパンによる震災対応型のCM（「臨時キャンペーン」）の投入が始まり，また，同年3月末頃からは個別企業によるさまざまなタイプの公共広告CMの出稿も開始された（朴・亀井，2012）．

本章の目的は，東日本大震災直後のACジャパンによる大量の公共広告のメッセージにおけるセレブリティ・コミュニケーションは，人々にどう届いたかを考察することによって，有事や企業の不祥事の際のセレブリティ・コミュニケーション効果を検討していくことである．

第2節では，公共広告について考察する．第3節は，ACジャパンと東日本大震災発生時のCMの放送状況などをふりかえってみる．第4節は，世界でも前例のない「東日本大震災」によるACジャパンの公共広告が一般消費者と被災関係者にどのような影響を与えたのかを検証する．

2．公共広告

公共広告とは，「人間，社会，国家の抱える公共的，社会的問題，あるいは将来起こり得るであろう問題に関し，コミュニケーション・メディアを介して，一般市民に対する注意喚起，問題の認識，啓蒙，啓発をうながし，その解決のための協力と行動を呼びかける自発的な広告コミュニケーションである」（植條，2005）．企業広告の１類型としての，企業の営利目的とは別個の社会的，公共的，倫理的，道徳的，社会啓蒙的なテーマの訴求を目的とする「公共奉仕広告（public service advertising)」とも呼ばれる．

公共広告を実施している広告主（クライアント）の形態は，①企業，②政府・官公庁・地方自治体，③国際連合などの国際的機関，④第三セクター，⑤各種団体（この中にはNGO・NPOなども含まれる），⑥広告媒体，⑦２社ないしそれ以上の連合体（企画は広告会社や媒体），⑧純然たる公共広告活動団体（アメリカ広告評議会や日本のACジャパンなど），⑨その他，の９つに大別できる（植條，2005）．

公共広告は次の５つの機能を持つ．①社会的，公共的，倫理的，道徳的，社会啓蒙的テーマの訴求によって 広告を通じた社会貢献を目的とする公共広告の本来的目的の遂行機能，②信頼に値する事実情報の伝達機能を有する存在としての認識を確保する，広告機能についての理解と信頼感の確保機能，③社会性や公共性を意識した，信頼に値する専門職業人としての存在と，その活動に対する認識を確立する広告産業界および関係者への信頼感の確保機能，④企業活動，さらには資本主義経済体制に対する信頼感の確保機能，⑤広告主にとって媒体における広告枠（スペースあるいはタイム）の継続的確保と媒体社にとっての広告収入確保のための，企業不祥事の突発的な事態の発生により通常の広告活動の展開不可能時にその代替手段となる機能，例えば昭和天皇崩御，阪神・淡路大震災，東日本大震災のような有事の際における通常広告の救済代替手段機能，の以上５つである（朴・亀井，2012）．

3．ACジャパンと「東日本大震災」発生以降のテレビCM

ACジャパンの前身である関西公共広告機構は1971年に誕生したが，公共広告の必要性が広告業界で認められたのは，アメリカのAd Council（AC）の歴史（1942年誕生）に比べて30年近くも後のことであった（植條，2005）．当初は関西公共広告機構だったが，公共広告機構（1974年）を経て，2009年に現在の名称であるACジャパンとなった．広告主や団体，広告会社，メディア等を中心に1113社（2015年時点）を会員とし，その会費収入によって運営されている．日本全国に8つの支部と，東京に本部（東京支部を兼ねる）を有する．キャンペーンは，地方支部独自の展開による地域キャンペーンと，本部による全国キャンペーンの2種類がある．広告関係者の奉仕を前提とする運営がなされており，広告表現制作，媒体利用等を含めて，最低料金あるいは無料での展開が基本となっている．

2011年3月11日の東日本大震災発生時，テレビ局各局は地震速報のテロップを挿入し，通常の番組およびCM放送を中断し，各地の被害状況を伝える報道番組に放送内容を切り替えた．この間，約33時間にわたって在京テレビ局ではCMの放送が完全に中断された．在京のテレビ局は，3月12日の午後11時56分にCMを含めた通常の番組放送を再開したテレビ東京を皮切りに，自局の判断で広告主企業による通常の営利目的のCMの放映を中止し，無料の公共広告を通じて啓発活動を行うACジャパンによって制作され事前に配布されていた，公共広告CMに切り替えて放送を続けた．

また，その後も広告主企業をはじめとする関係者との協議により，ACジャパンによる公共広告CMの放送を中心とする放送体制が継続された．これは，被災して日常生活に支障をきたしている消費者からの，商品の販売促進を目的とする営利目的の広告の展開に対して「不謹慎」という反発を回避したい，広告主企業をはじめとする広告関係者の判断によるものであった．東日本大震災時における公共広告CMの放送は，世界的にみてもその前例のないものであった．

CM総合研究所のデータによると，ACジャパンの公共広告CMは，2011

図表７－１　ACジャパンの公共広告CMの放送状況

【関東地区民放５局・ACジャパン出稿状況】（出稿本数）

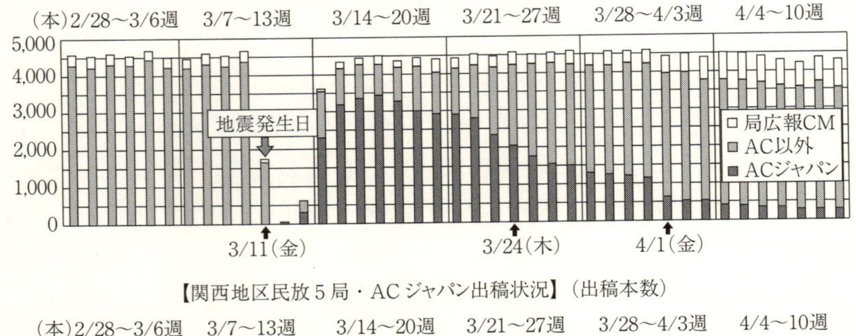

【関西地区民放５局・ACジャパン出稿状況】（出稿本数）

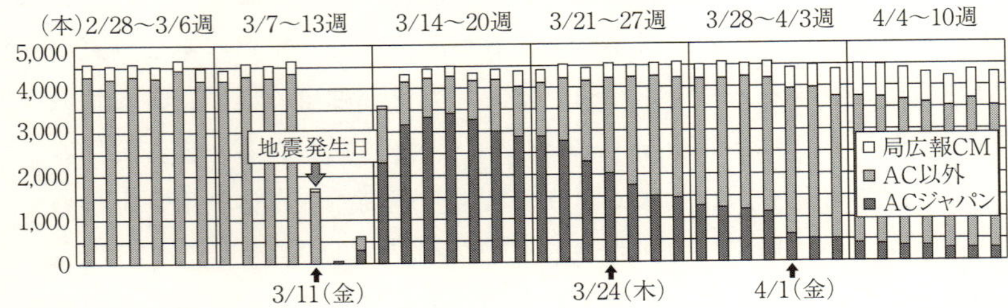

出所：ビデオリサーチ（2011）

年３月１日から３月11日（震災前）までの放送回数は39回に過ぎなかった．ところが，震災直後の同年３月14日から３月20日までの１週間の放送回数は，１日当たり3000回を超えるようになった．その結果，同公共広告CMは，全放送CMの約８割を占め，こうした傾向が全国各地でみられた（図７－１，表７－２）．

その結果，ACジャパンの公共広告CMの大量放送について苦情の電話が殺到して，1000件を超す電話とファクスの対応に全国のACジャパン職員が追われたという．また，JARO（日本広告審査機構）によると，近年は広告市場の縮小傾向に伴って相談件数は2006年度をピークに減り続けているが，2011年の「行政・団体」だけは逆に前年度比３倍強と急増した．これは，震災後のACジャパンに対する苦情がJAROにも多く持ち込まれた結果である（大石，2011）．

その後，同年５月11日には，一般広告主企業によるCMの放映が99％ま

図表7－2　2011年3月期のACジャパン広告展開状況

企業	放送銘柄数	放送作品数	放送回数	順位	GRP換算	順位	ミート回数	順位	好感票数	好感度（%）	順位
ACジャパン	1	15	20,029	1	143,022	1	853.71	1	1,564	1,043	1
花王	33	46	2,108	2	18,034	2	103.43	2	92	61.3	10
トヨタ	19	34	1,495	3	9,450	5	73.02	3	56	37.3	21
ホンダ	7	15	1,344	4	9,596	3	70.76	4	27	18.0	35
ソフトバンクモバイル	1	7	1,229	5	9,019	7	59.00	5	505	336.7	2
ハウス食品	7	10	1,039	6	5,090	20	33.02	20	62	41.3	19
KDDI	1	43	1,020	7	7,261	8	49.91	9	133	88.7	6
キリンビール	9	16	1,016	8	7,020	9	58.69	6	63	42.0	18
ディー・エヌ・エー	2	12	1,003	9	4,259	26	35.29	18	43	28.7	26
スズキ	6	8	1,002	10	5,245	19	37.56	15	28	18.7	50

データ提供：CM総合研究所

で回復し，ACジャパンの公共広告CMは震災以前の放送状況に戻ったという．

上記のように，ACジャパンの公共広告は，東日本大震災による広告主の自粛によって，2011年3月12日以降，一時期CM全体の8割を占めるという前例のない大量放送がなされた．その原因は，民放各局の編成の問題にある．CMが入らないと分かっていても，既存のCM枠だけは死守してくずさない（小玉，2011）ように，日本の広告界における取引関係上の問題によって放映せざるをえなかった．その結果，世界の広告史でも前例のない集中的なACジャパンのテレビCMの放映となった．では，集中的なACジャパンのテレビCMが消費者にどう届き，どのような効果をもたらしたかを考察してみよう．

4．調査：東日本大震災とACジャパンCM

調査では，東北6県に居住している社会人624名と，首都圏に居住する社会人156名および大学生525名の有効回答を得た．2011年5月20日から5月25日にかけて調査を行い，社会人を対象にしたインターネット調査と，大学生

図表７－３　調査対象となる被災関係者の被災状況：複数回答（n＝624）

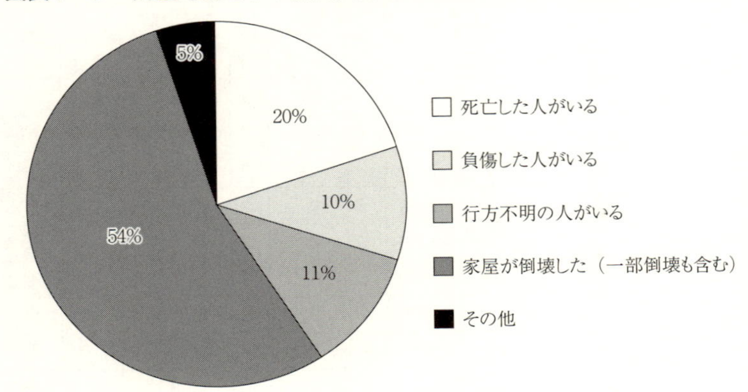

を対象にしたアンケート調査を併用した．

東北６県の居住者は，被災者あるいは被災者を親族または知り合いに有する人を対象にした．東北６県の被災関係者は，東北６県の居住者に友人および知人の中における被災者の有無をスクリーニング調査して抽出した．

4-1．AC ジャパン CM の評価

調査対象とした AC ジャパン CM の種類は次のとおりである．①あいさつの魔法（ともだちふえるね．「ポポポポーン」），②こだまでしょうか（金子みすずの詩），③見える気持ちに（「思いやり」は誰にでもみえる），④仁科亜希子と仁美：大切なあなたへ（がん検診），⑤サッカー篇（日本の力は団結力です），⑥あなたの手当て（あなたの手で伝えられることがたくさん），⑦今，わたしにできること（呼びかけ），⑧ EXILE 他：日本の力を信じてる（一緒に頑張りましょう），⑨ SMAP とトータス松本：日本の力を信じてる（未来を信じて，日本の力を信じてる），⑩その他（オシムの言葉，知層，ありがとうあしながさん，など）．

まず被験者には，純粋想起法[2)]によって，最も好きな AC ジャパンの CM と最も好きではない（嫌いな）AC ジャパンの CM を書いてもらった（図表７－４）．

さらに，好きな AC ジャパン CM の要因およびその評価を，好きな CM

別に確認した結果が図表7－5，図表7－6である．

その結果，「あいさつの魔法」，「見える気持ちに」，「サッカー篇」は好きな人が好きではない人よりも多いことから，支持されていることが確認できた．逆に，「こだまでしょうか」，「大切なあなたへ」，「あなたの手当て」，「今，わたしにできること」，「日本の力を信じてる」などは，好きではない

図表7－4　好きなACジャパンCMと好きではないACジャパンCM（n＝1,305）

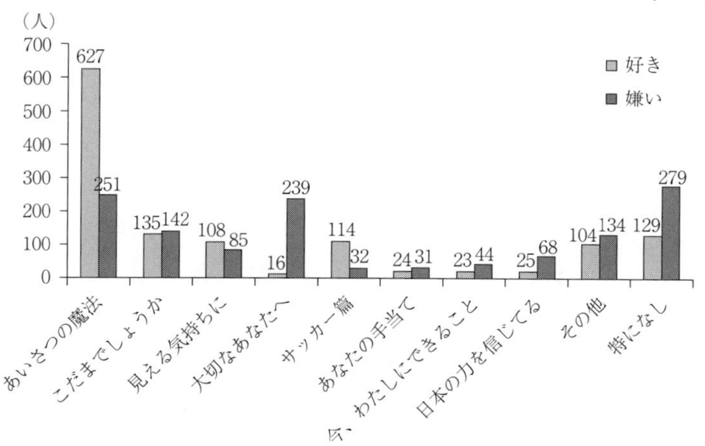

出所：朴・亀井（2012）

図表7－5　好きなACジャパンCMの要因

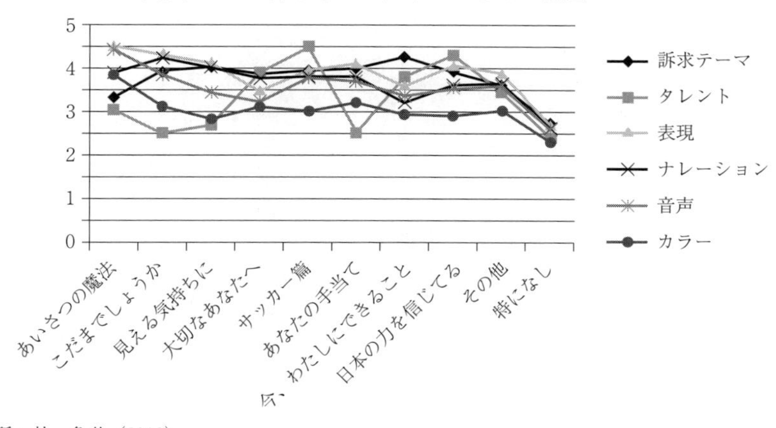

出所：朴・亀井（2012）

図表７－６　好きな AC ジャパン CM に対する評価

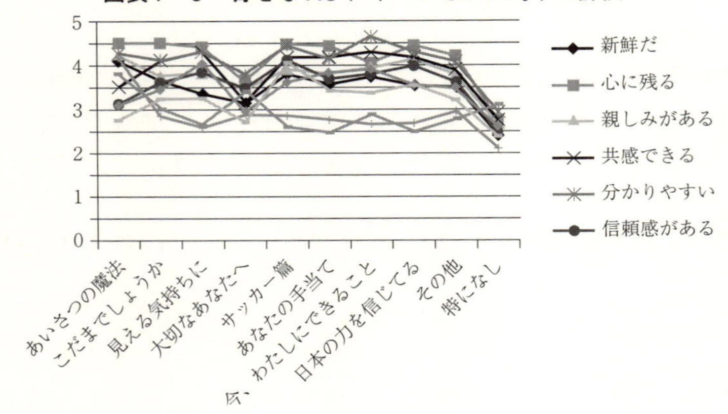

出所：朴・亀井（2012）

図表７－７　AC ジャパン CM「あいさつの魔法」

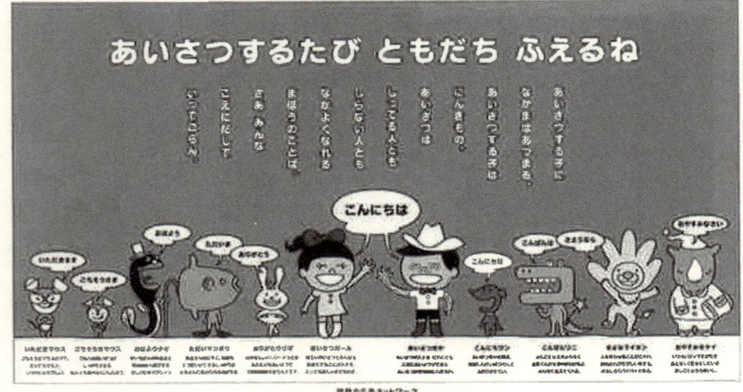

画像提供：（公社）AC ジャパン

図表7－8　ACジャパンCMの放送回数との関係

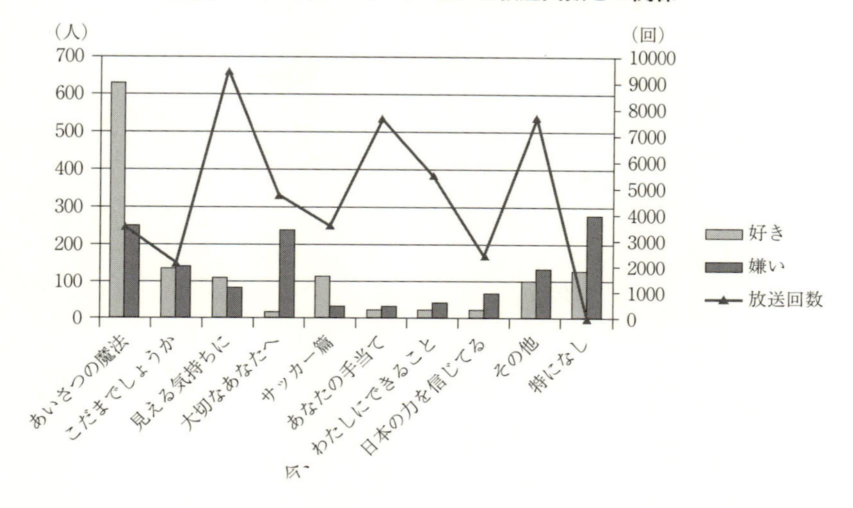

人が好きな人よりも多いことが明らかになった．

消費者に最も支持されたACジャパンCMは「あいさつの魔法」であり，支持されなかったACジャパンCMは「大切なあなたへ」であった．さらに，震災対応型ACジャパンCM（臨時キャンペーン）の評価は限定的である（サッカー篇のみが評価されている）．

東日本大震災時に最も支持された「あいさつの魔法」（図表7－7）は，ACジャパンによると，2010年から2011年に全国キャンペーンとして展開されたものである．企画・制作は東急エージェンシー北海道支社によるものであり，当初の企画意図は小学校低学年までを対象にした挨拶の励行であった．挨拶をするたびユニークで楽しいキャラクターが登場し，友達が増えていく様を，歌とアニメーションで表現した内容で，挨拶は楽しいこと，友達が増えるのは素敵なこと，というメッセージをこども達の心に届けるために制作された．

さらに，2011年3月から4月までのACジャパンCMの放送回数との関係を確認するために，好きなACジャパンCM，好きではないACジャパンCM，放送回数との相関関係を検証した．その結果，図表7－8と図表7－9のように関連性がないことが明らかになった．震災時の消費者のACジャパ

図表 7-9　AC ジャパン CM 放送回数との相関関係

	好きな AC ジャパン CM	好きではない AC ジャパン CM	放送回数
好きな AC ジャパン CM	1	0.492	−0.192
有意確率		0.149	0.595
好きではない AC ジャパン CM	0.492	1	−0.470
有意確率	0.149		0.171
放送回数	−0.192	−0.470	1
有意確率	0.595	0.171	

出所：朴・亀井（2012）

ン CM に対する評価は，放送回数の影響ではないことは興味深い.

4-2. AC ジャパン CM に対する消費者の意識

東日本大震災の後の AC ジャパン CM に対する，消費者の評価や意識変化の有無を確認するために，震災後の AC ジャパン CM に対する評価や意識変化を測定し，その理由を被験者に自由回答させ，その内容を分析する. AC ジャパン CM に対する消費者の意識調査は，インターネットで実施した. さらに，AC ジャパン CM に対する態度と被験者の普段の CM に対する態度との関連性を明らかにする.

まず，東日本大震災後の AC ジャパン CM に対する意見を被験者に記述させた. その内容をポジティブ，ネガティブ，ニュートラルという 3 つの態度に分類した. 被験者の記述内容分類は，3 人が同じ内容をチェックして分類することで，内容分析の信頼性を確保した. その内容を分類して集計したのが図表 7-10である.

図表 7-10からも確認できるように，震災後の AC ジャパン CM に対する態度は，ポジティブ（281名），ネガティブ（290名），ニュートラル（209名）の三極化していることが確認できた. さらに，「AC ジャパン CM の内容に共感し，影響を受けた（109名）」というポジティブな態度とは対照的に，ネガティブになった被験者の多くは「しつこい（191名）」と感じており，ネガ

図表7-10　震災後のACジャパンCMに対する態度

ポジティブ（281名）	①CMの内容に共感し，影響を受けた（109名） ②反復により印象が強くなる（52名） ③公共広告自体に関心を持った（49名） ④公共性（24名） ⑤復興に向けて（15名） ⑥以前から公共広告に対して好印象を抱いていた（12名） ⑦状況に対応してCM制作したことに対する評価（7名） ⑧CMの出演者に対する評価（6名） ⑨その他（7名）
ネガティブ（290名）	①しつこい（191名） ②CM内容が不快（68名） ③公共広告の存在意義が分からない（15名） ④震災時のことを想起させる（10名） ⑤平常時に流れる企業広告のほうがよい（5名） ⑥その他（1名）
ニュートラル（209名）	①そもそも興味・関心がない（99名） ②震災前後で変化を感じない（30名） ③テレビをみない（20名） ④どちらともいえない（18名） ⑤非常時なので仕方がない（14名） ⑥以前の公共広告のCMを見たことがない（10名） ⑦その他（18名）

出所：朴・亀井（2012）

ティブな意見のおよそ3分の2になっていることが明らかになった．

ACジャパンCMに対する態度と性別・年齢・被災関係有無の関連性を確認するために，カイ二乗検定を行ったところ，差は存在しないことも確認された．よって，東日本大震災におけるACジャパンCMへの消費者の意識は，性別・年齢・被災関係の有無には影響されていないことが明らかになった．

そこで，被験者の普段のCMに対する態度および行動と，ACジャパンCMに対する態度間の関係性を探ることにした．CMに対する態度および行動について，①CMが好きだ，②普段番組と同様にCMを見ている，③CMを商品購買やブランド選択の参考にしている，④CMに面白さや楽しさを感じている，⑤CMがでるととりあえずチャネルを変えたり別な作業をしている（反転），という5つの質問項目を用いて測定した．以上の構成概念は，５段階リッカート・スケール（全くそう思わない～非常にそう思う）を採用して測定し，下位得点を算出した．この下位得点を従属変数とし，東日本大震災後のACジャパンCMに対する態度の内容分析結果（ポジティブ・ネガティブ・ニュートラル）を独立変数として，一元配置分散分析を行った．その結果，ACジャパンCMに対し，ポジティブな態度を取っているグループと，ネガティブ・ニュートラルな態度を提示しているグループとの間で有意差が確認できた（$F(2{,}777)=15.513$，$p<0.00$）．普段のCMに対する態度および行動は，東日本大震災後のACジャパンCMに対する態度と密接な関連性があることが明らかになった．したがって，東日本大震災後，ACジャパンなどに苦情を寄せるなどの行動を取った人々は，普段からもCMに対してネガティブな意識を抱いている層である可能性が高い．常習的に広告主に苦情を寄せ，広告関係者を悩ませている，いわばCMに対する拒否層および広告不信層に対する対策が必要であることも浮上した．以上の調査結果をまとめたのが図表７-11である．

図表７-11　CMに対する態度および行動と東日本大震災時のACジャパンCMの評価

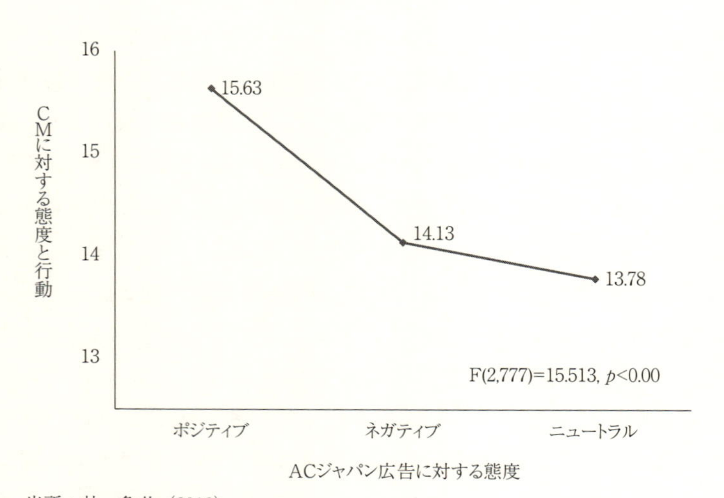

出所：朴・亀井（2012）

5．まとめ

世界の広告史の中でも前例のない，東日本大震災時のACジャパンCMの集中投下の検証結果をまとめると，以下のとおりである．

分析結果を詳細に考察してみると，セレブリティを多く起用した「頑張ろう」や「日本の力を信じている」といった「日本を元気にしたい」というメッセージの，放送回数が多かった震災対応型ACジャパンCM（臨時キャンペーン）への評価は厳しかった．特に被災関係者からの評価が厳しかったことから，公共広告の方向性を検討する必要性あることが確認された．但し，「サッカー篇」だけは評価されていた．

一方，「あいさつの魔法」は，元々は小学校低学年までを対象にした「挨拶の励行」を図る広告で，2010年7月から放送されていたが，東日本大震災発生による想定外の大量放送にもかかわらず，震災対応型のACジャパンCMが批判される中で注目を集め，活発なクチコミ伝播と二次創作が発生した．

これらのことから，公共広告の方向性を再検討すべきであることだけではなく，以下のことにも留意が必要であると考えられる．セレブリティは出身地，これまでの配役，イメージなどから人々にさまざまな意味を連想させている．さらに，アンチ層が必ず存在していることにも注意すべきである．それゆえ，東日本大震災のような非常時や，企業の不祥事の際などには有効なリスク・コミュニケーション戦略ではない可能性がうかがえた．一方，セレブリティを起用したACジャパンCMの中では，「サッカー篇」が評価されていたことから，「頑張ろう」という言葉よりも，スポーツ選手の有する力強さが効果に表れたとも考えられる．したがって，非常時や不祥事のコミュニケーションの際にも，状況に適したクリエイティブの重要性が再確認されたといえるだろう．

〈注〉

1)　本章は，朴・亀井（2012）「東日本大震災と公共広告」『日経広告研究所報』261号所載論文を基に亀井昭宏先生の許諾を得たうえで作成したものである．

2)　被験者に一切の情報（手がかり）を与えずに，質問に回答させる方法である．

キャラクター・コミュニケーション

1. はじめに

セレブリティ・コミュニケーション戦略の中で，近年，キャラクターへの関心が高まっている．キャラクターは，架空または実在の動物・植物などを擬人化したものであり，2000年代後半から始まったゆるキャラ®1)・ブームからも確認できるように，キャラクターを活用している企業も増えつつあり，マーケティング・コミュニケーション戦略に欠かせない存在になっている．

一般的にマーケティング・コミュニケーションにおけるキャラクターの活用は，①キャラクターを用いることによってブランドへの好感度や親しみを向上させることができる（バランス理論：Heider, 1946），②送り手としてのキャラクターの信憑性と魅力の効果によって，コミュニケーション効果を高めることができる（情報源モデル：Hovland & Weiss, 1951），③キャラクターとブランドのマッチング，およびキャラクターの属性と固有のパーソナリティなどキャラクターの意味が移転され，製品およびブランドに対する評価を強化することができる（マッチアップ仮説：Kamins & Gupta, 1994, 意味移転モデル：McCracken, 1989），といったような理論から効果を説明することができる．

近年は企業だけではなく，「ご当地キャラクター」（以下，ご当地キャラ）のように地方自治体もキャラクターを活用している．さらに，コミュニケーション活動での使用に加え，玩具・ビデオゲーム・文具・家庭用品・アパレル・アクセサリーなどだけではなく，LINEのスタンプなど，さまざまなカテゴリーで幅広い年代向けのキャラクターの活用も活発になっている．

このようなキャラクター・コミュニケーションの急成長にもかかわらず，キャラクターに関連する研究は，国内外を問わず著しく限られている．本章では，セレブリティ・コミュニケーションの観点から，国内のキャラクター市場の動向をふまえて，キャラクターをどのように活用すればコミュニケーション効果を高められるか，またご当地キャラの特色の側面からその効果と課題を考察する．最終的には，セレブリティ・コミュニケーション戦略におけるキャラクター活用の方向性を明確に提示することを目的とする．まず，第2節では，キャラクターに関連した先行研究を考察する．第3節では，国内キャラクター産業と消費者の動向を紹介する．第4節では，ご当地キャラのブームと現状についての調査結果を述べ，第5節では，ソーシャル時代の新たなメディア戦略を考察する[2)]．

2．キャラクターに関連した先行研究

2-1．海外の先行研究

キャラクターに関連する研究は，1990年代以降から本格化して現在に至っている．欧米におけるキャラクター研究を概観すると，トレード・キャラクター（trade character），スポーク・キャラクター（spokes character），コマーシャル・キャラクター（commercial character），アニメーション・キャラクター（animated character）などの用語が確認できる．しかし，学術的に確立された定義はなされていないのが現状である．それゆえ，キャラクターの性質，形態およびその使用目的などによって，研究が展開されてきたと考えられる．

Callcott & Alvey（1991）は，キャラクターの知名度と製品再生率との関係を検証した．その結果，有名キャラクター（celebrity characters）の場合，正しい製品再生率が28.7%に過ぎなかったのに対し，有名ではないキャラクター（non-celebrity characters）では，製品再生率が71.7%であることを明らかにした．正しい製品再生率が有名キャラクターで低い要因については，ミッキーマウスのように幅広い製品に使われていることや，当該キャラ

クターと製品とのマッチングの有無によって製品再生率が左右されることを実証した.

Phillips（1996）は，トレード・キャラクターを，アニメーション化されたかどうか，トレード・マーク化されたかどうか，架空のものであるかどうか，有名キャラクターかどうかによって定義した．トレード・キャラクターとは，製品，サービスあるいはアイディアをプロモーションするために創造され，アニメーション化された架空のものであるという．コミュニケーションにおけるトレード・キャラクターは，①製品識別（product identification），②ブランド・パーソナリティ（brand personality），③プロモーション的な連続性（promotional continuity），という 3 つの役割を果たすとしている.

Keller（1998）はキャラクターを，架空あるいは実在の人物をかたどったブランド・シンボルの特別なタイプであるという．キャラクターをブランド論に限定して，ブランド・キャラクターは主に広告を通じて紹介されるとし，キャラクターは，当該広告や後の広告キャンペーンおよびパッケージ・デザインにおいて中心的な役割を果たすことができる，ブランド・エクイティ構築のためのブランド要素（ブランドネーム，ロゴとシンボル，キャラクター，スローガン，ジングル，パッケージ）の 1 つとして位置付けている.

Garretson & Niedrich（2004）は，キャラクターを製品またはブランドをプロモーション（promote）するための人間ではないもの，と定義した．ブランド経験の有無によって，キャラクター信頼（character trust）の先行要因としては，キャラクター専門性（charater expertise），キャラクター適切性（character relevance），キャラクター・ノスタルジア（character nostalgia）を，キャラクター信頼の結果要因としてはブランド態度の概念モデルを構築して調査を行った．その結果，ブランド経験にかかわらず，キャラクター専門性とキャラクター・ノスタルジアはキャラクター信頼の先行要因になるが，キャラクター適切性は有意な影響を及ぼさないことが確認された．また，キャラクター信頼は，ブランド経験が多い場合はブランド態度に僅かな影響を与える程度にとどまるが，ブランド経験が少ない場合は明確に影響を与えていることを明らかにした.

印刷広告でも，起用人物をマンガ化したほうが，高い広告態度，ブランド態度，購買意図を及ぼす（Heiser, Sierra & Torres, 2008）ことが分かっている．

2-2. 国内の先行研究

荒木（2008）は，キャラクターとは，漫画やアニメ，映画，テレビ番組，ゲーム，企業や公共団体の広告などに登場する空想上の人や動物，ロボットのことをさすとする．

小川（2009）は，キャラクターとは，架空あるいは実在の生き物（人物・動物・植物）を，シンボリックな形態にして，ブランドのアイデンティファイアとしたものであるとし，人物をデフォルメしたキャラクターとしては，ケンタッキーフライドチキンの「カーネル・サンダース」，不二家の「ペコちゃん」，「ポコちゃん」，メンソレータムの「リトルナース（小さな看護婦さん）」などがある．一方，例えば宅配便業者では，キャラクターをサービス属性（スピードや丁寧さなどのサービス品質）とを結び付けようとして動物キャラクターを用いており，ヤマト運輸は「クロネコ」，日本通運は「ペリカン」，フットワークエクスプレス（現在はトールエクスプレスジャパン）は「子犬」，西濃運輸は「カンガルー」，名鉄運輸は「こぐま」なを採用している（小川，2009）．

青木（2000）は，自社の製品を識別し他社のそれと差別化する手段として用いられる，言語的あるいは視覚的な情報コード（具体的には，名前，ロゴ，シンボル，スローガン，パッケージなど）を一括して「ブランド要素（brand element）」とし，ブランド構築の観点からみたキャラクターを，即物型，意味抽出型，意味付与型に分類している．即物型とは，ブランド化された製品の基本的な属性（主に，形態や色など）を比較的そのままの形で用いつつ擬人化ないしキャラクター化したもので，森永製菓の「キョロちゃん」，ペプシコーラの「ペプシマン」などが挙げられている．意味抽出型とは，ブランド化される製品の基本的属性（機能的価値）をベースに，情緒的価値の表現を意図してデザイン・考案されたキャラクター（即物性を残す場合もある）のことで，メンソレータムの「リトルナース（小さな看護婦さん）」やロッテ・クールミントガムの「ペンギン」などが挙げられる．意味付与型とは，ブランド化される製品の価値や意味から考案されたキャラクターというよりも，当該ブランドに新たな意味を付与するために別途考案されたキャラクターのことで，マルボロの「カウボーイ」などが挙げられる．

小泉（2002）は，有名人と「ミッキーマウス」などの既存キャラクターは，消費者が持っているそれらへの連想を借りて，自社ブランドの特徴だと消費者に思わせようとする，二次的な連想の役割を持つ，としている．

キャラクターの役割について小嶋（1993）は，アドキャラクター（広告に起用され，その広告のクリエイティブの中核となるキャラクターや動物など）とタレントは，①「アテンションゲッター」として，奇抜なアドキャラクターや有名タレントを用いることにより，その広告に対する注意や関心を単純に高める，②タレントやキャラクターに対して，既に出来上がっている消費者の関心を利用して，広告や広告商品に対する関心を高めることを狙う，③タレントやキャラクターに対する消費者の親しみや好感度を利用して，商品やブランド，企業に対する親しみや好感度を高めることを狙う，としている．第一生命保険がミッキーマウスなどディズニーの人気キャラクターを用いているのが，その例であるという．加えて，④似たような性能や機能のブランドがいくつも市場に存在する場合，他社ブランドとの差別化を図るためにアドキャラクターやタレントを起用する，⑤有名タレントによって商品の効能や用途についての説明の説得効果を高める，⑥タレントやキャラクターをシンボルとして用いることによって，ブランド・イメージの確立や強化をする，という6つの狙いがあるという．

また，非常時や不祥事の際のキャラクターは，有効なコミュニケーション手段になりうる．朴・亀井（2012）の東日本大震災後のACジャパンCMに対する評価の調査結果をみると，「あいさつの魔法」に対する評価が圧倒的に高かった（第7章参照）．世界の広告の歴史の中で前例のないほど集中的に放送されたACジャパンのCM放送に対して，放送回数が多かった有名セレブリティを起用したCMなどはネガティブな反応が目立った．一方，「あいさつの魔法」のようなキャラクターはアンチ層が少ないことから，ポジティブな反応が多かった．キャラクターをセレブリティ・コミュニケーション戦略に活用することは，この「あいさつの魔法」でも確認できたように，非常時や企業の不祥事に有効なリスク・コミュニケーション戦略となりうる可能性がある．また，金融・保険カテゴリーでは，企業間合併や，外資系企業の進出が頻繁で，市場定着のためのブランディング活動が急務である．そのような，当該企業およびブランドの新たな好感度や信頼感の獲得が不可欠な際のリ・ブランディングの戦略にも，キャラクターはその活用範囲を広げることができると考えられる．

朴・野澤（2013）は，アサツー ディ・ケイ（以下，ADK）の「ADKキャラクター意識調査」2011年のデータを分析した．その中で，キャラクターをテレビアニメ系（アニメ，マンガ，ゲームを含むコンテンツ展開がベースのもの），ファンシー系（アパレル，アクセサリーを含むグッズ展開がベースのもの），企業オリジナル系（企業・団体の広告・広報手段としての展開がベースのもの）に分類し，実際の企業の広告・広報などコミュニケーション活動で使われている計13キャラクターを分析対象とした．

調査対象キャラクターは，「テレビアニメ系」はドラえもん，ONE PIECE，TIGER & BUNNY，ポケットモンスター，けいおん！，「ファンシー系」はリラックマ，ミッキーマウス，スヌーピー，「企業オリジナル系」は犬のお父さん（ソフトバンク），きこりん（住友林業），ペコちゃん（不二家），アフラックダック（アフラック），LISMO！（au by KDDI）とした．

テレビアニメ系，ファンシー系，企業オリジナル系の各タイプ別に，①キャラクター活用認知占有率（ある企業・ブランドがどのキャラクターを活用しているかの認知シェア），②企業活用認知占有率（あるキャラクターをどの企業・ブランドが活用しているかの認知シェア）の平均スコアを算出した．

その結果，キャラクター活用認知占有率，企業活用認知占有率とも，企業オリジナル系が圧倒的に高い結果となった（特に企業活用認知占有率）．ファンシー系も，キャラクター活用認知占有率は比較的高い．

この結果から，キャラクターの知名度と製品再生率との関係を明らかにしたCallcott & Alvey（1991）の検証結果と同様に，アニメ・マンガ・ゲームを含むコンテンツ展開がベースのテレビアニメ系や，アパレル・アクセサリーを含むグッズ展開がベースのファンシー系キャラクターよりも，企業・団体の広告・広報手段としてのオリジナル・キャラクターのほうが，キャラク

図表8－1　キャラクタータイプ別：キャラクター活用・企業活用の認知占有率

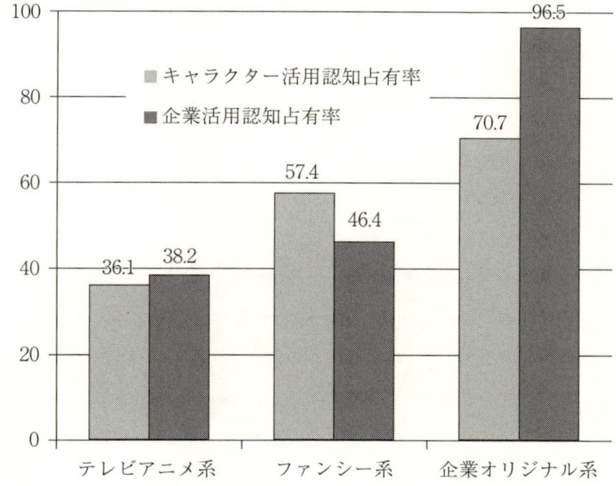

出所：朴・野澤（2013）に加筆修正

ターの活用認知占有率と企業活用認知占有率が高いことが明らかになった（図表8－1）.

青木（2014）は，欧米ではディズニーのような人間的キャラクターが主流だが，それとは対照的に，日本で創造されたキャラクターは，人間と隣接した換喩的キャラが圧倒的に多いと指摘している．例えば「スパイダーマン」や「スーパーマン」のように，アメリカのキャラクターは全体的に極めて写実的なのに対し，日本の漫画キャラクターは，異常に大きい目，四頭身，奇抜な髪の色など，人間をかなり強烈にデフォルメしているという．さらに，コミュニケーションの観点から，キャラクター・パワーとして，①存在認知力（他社に存在を認められるプレゼンスを作る），②理解伝達力（メッセージや意味を理解してもらうスピードを高め，わかりやすくする），③感情力（好意や親しみやすさなど感情的な絆を作り，つなげる），④イメージ力（魅力的なイメージを創造する），⑤拡散力（人に伝えたくなるクチコミをおこさせる），⑥個性力（他のグループとの違いやある価値観を持った人々との同一性がすぐに認識できる），⑦人格力（まるで人間と同じ精神や魂があるかのような実在性を感じさせる），という７つを挙げている．

3. 国内キャラクター産業と消費者の動向

3-1. 国内のキャラクター産業

キャラクター・データバンクによると，2002年から2015年までのキャラクター商品の小売市場規模動向は図表8-2のようになり，2015年の小売市場

図表8-2 キャラクター商品の小売市場規模動向

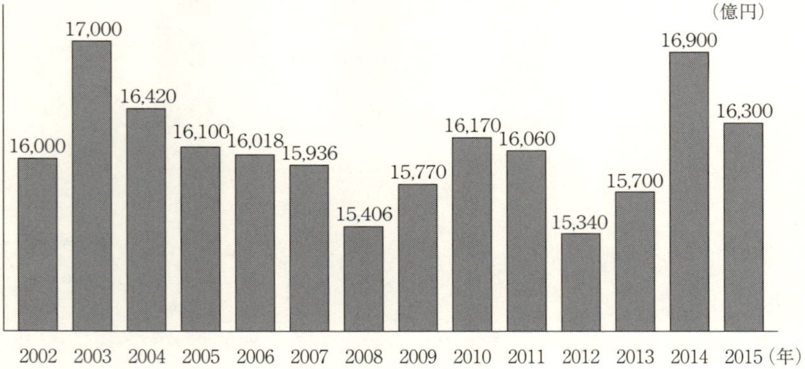

（億円）

2002	2003	2004	2005	2006	2007	2008	2009	2010	2011	2012	2013	2014	2015（年）
16,000	17,000	16,420	16,100	16,018	15,936	15,406	15,770	16,170	16,060	15,340	15,700	16,900	16,300

出所：キャラクター・データバンク（2016）を基に筆者作成

図表8-3 キャラクター商品市場における商品カテゴリー別割合の推移

（%）

	玩具	ビデオゲーム	文具	家庭用品	アパレル	アクセサリー	パーソナル	菓子／食品	出版
2007年	32.32	12.07	6.34	10.54	11.77	8.88	2.21	2.94	12.90
2008年	32.12	12.11	6.12	10.54	12.56	9.70	2.73	2.59	11.53
2009年	34.59	11.16	6.02	10.75	12.68	9.19	2.67	2.47	10.47
2010年	34.91	10.98	6.45	10.17	12.84	8.86	2.67	3.37	9.74
2011年	37.01	10.34	6.25	10.93	11.55	9.66	2.85	3.65	7.74
2012年	37.70	10.31	6.38	11.65	11.20	9.39	2.89	3.77	6.70
2013年	37.50	9.81	6.52	12.17	11.00	9.73	2.81	3.73	6.72
2014年	39.12	9.17	6.64	12.20	10.63	9.72	2.71	3.75	6.06
2015年	38.13	7.75	6.78	12.78	11.14	11.59	2.76	3.79	5.28

出所：キャラクター・データバンク（2016）を基に筆者作成

規模は1兆6300億円である．

近年の市場動向としては，2014年には「妖怪ウォッチ」や「アナと雪の女王」という大ヒットキャラクターが登場した．2015年は，①ディズニーキャラクター，スヌーピー，ムーミンなどの海外クラシック・キャラクターの人気，②インバウンド消費の増大，③体験型消費の活況などが，キャラクター市場に影響していることとしてあげられる．キャラクター商品市場の商品カテゴリー別推移（図表8-3）からも確認できるように，「玩具」，「菓子／食

図表8-4　男女別人気キャラクター

（%）

男性			女性		
順位	キャラクター名	シェア	順位	キャラクター名	シェア
1	妖怪ウォッチ	8.43	1	ハローキティ	7.57
2	それいけ！アンパンマン	7.12	2	ミッキーマウス	7.51
3	機動戦士ガンダム	6.05	3	それいけ！アンパンマン	6.47
4	ミッキーマウス	5.94	4	スヌーピー（ピーナッツ）	4.86
5	ポケットモンスター	5.42	5	プリキュアシリーズ	4.48
6	きかんしゃトーマスとなかまたち	3.81	6	リラックマ	3.74
7	ONE PIECE	3.80	7	アナと雪の女王	3.39
8	スーパーマリオブラザーズ	3.03	8	妖怪ウォッチ	3.33
9	仮面ライダードライブ	2.32	9	ミニーマウス	3.25
10	仮面ライダーゴースト	2.32	10	くまのプーさん	2.89
11	ドラゴンボールシリーズ	2.03	11	マイメロディ	2.10
12	手裏剣戦隊ニンニンジャー	1.99	12	ポケットモンスター	1.99
13	くまのプーさん	1.94	13	ミッフィー	1.92
14	ドラえもん	1.75	14	ムーミン	1.59
15	トミカ	1.67	15	ふなっしー	1.38
16	スヌーピー（ピーナッツ）	1.61	16	ダッフィー	1.36
17	LEGO	1.47	17	ONE PIECE	1.19
18	プラレール	1.46	18	しまじろう	1.06
19	艦隊これくしょん―艦これ―	1.38	19	ドラえもん	1.01
20	スター・ウォーズ	1.31	20	ぐでたま	0.97

出所：キャラクター・データバンク（2016）を基に筆者作成
注：モニターが購入したキャラクター商品を元に集計

品」カテゴリーで持続的にそのシェアを伸ばしている．一方ビデオゲームは，スマートフォンやソーシャルゲームの影響でそのシェアが下がっている．

さらに，キャラクター・データバンクによる男女別の人気キャラクター（図表８－４）をみると，男性は妖怪ウォッチ（8.43%），それいけ！アンパンマン（7.12%），機動戦士ガンダム（6.05%），ミッキーマウス（5.94%）の順，女性はハローキティ（7.57%），ミッキーマウス（7.51%），それいけ！アンパンマン（6.47%），スヌーピー（ピーナッツ）（4.86%）の順に人気が高かった．

3-2．キャラクターに対する意識調査

「ADK キャラクター意識調査」（2011年７月実施．国内居住男女12–59歳．計700サンプル）をみると，全体の５割前後が，企業や団体の「商品・サービスの広告・キャンペーン」，「社会貢献・支援など公共性が高い広告・広報活動」のキャラクター活用について，「見てみたい」，「まあ見てみたい」と，キャラクターに対してポジティブな反応を示していることが確認された．なお，20–34歳の男性と50–59歳の女性を除き，ポジティブな反応が多いことが特徴である（図表８－５）．

図表８－５　男女・年代別：キャラクター全般のコミュニケーション活用に関する評価

「企業・団体の商品・サービスの広告・キャンペーンで，キャラクターを見てみたい」

	見てみたい	まあ見てみたい	あまり見てみたいと思わない	まったく見てみたいと思わない
全体	13.6	41.4	32.4	12.6
男性12–19歳	21.0	34.0	32.0	13.0
男性20–34歳	10.0	38.0	33.0	19.0
男性35–49歳	5.0	47.0	30.0	18.0
男性50–59歳	8.0	46.0	36.0	10.0
女性12–19歳	17.0	41.0	29.0	13.0
女性20–34歳	16.0	47.0	27.0	10.0
女性35–49歳	18.0	43.0	32.0	7.0
女性50–59歳	8.0	34.0	52.0	6.0

「企業・団体の社会貢献・支援など公共性が高い広告・広報活動で，キャラクターを見てみたい」

	見てみたい	まあ見てみたい	あまり見てみたいと思わない	まったく見てみたいと思わない
全体	11.3	36.6	37.6	14.6
男性12–19歳	15.0	31.0	37.0	17.0
男性20–34歳	12.0	30.0	35.0	23.0
男性35–49歳	6.0	42.0	34.0	18.0
男性50–59歳	6.0	46.0	36.0	12.0
女性12–19歳	13.0	37.0	38.0	12.0
女性20–34歳	10.0	40.0	36.0	14.0
女性35–49歳	16.0	38.0	37.0	9.0
女性50–59歳	8.0	30.0	56.0	6.0

■見てみたい　■まあ見てみたい　■あまり見てみたいと思わない　□まったく見てみたいと思わない

出所：朴・野澤（2013）

キャラクターの活用は，キャラクターの人気，親しみやすさ，魅力などによる好感が大きく影響してくることから，キャラクター全般の人気における「ご当地キャラ」の人気とその動向を確認してみよう．ADKが実施した「キャラクター・パワー・リサーチ（2015-2016）」は，楽天リサーチに実査を委託し，日本全国の男女3-74歳4500名を対象として，2015年12月に実施したインターネット調査である．その中で「あなたが好きな『キャラクター』は何ですか」という質問を設け，被験者に好きなキャラクターを順に3つまで純粋想起法によって回答してもらった．その結果，全体の1位に「妖怪ウォッチ」（9.9%），2位に「ドラえもん」（9.2%），3位に「ミッキーマウス」（8.1%）がランクインする結果となった．男女別の結果は，図表8-6のとおりである．

上記のADK「キャラクター・パワー・リサーチ（2015-2016）」の好きなキャラクターの純粋想起結果を時系列でみると，従来の人気キャラクターで

図表8-6　好きなキャラクターの純粋想起結果

（%）

順位	キャラクター名	シェア	順位	キャラクター名	シェア
1	妖怪ウォッチ	9.9	16	ミニーマウス	2.5
2	ドラえもん	9.2	16	ダッフィー	2.5
3	ミッキーマウス	8.1	18	名探偵コナン	2.3
4	スヌーピー	8.0	19	ぐでたま	2.2
5	ハローキティ	7.5	20	プリキュアシリーズ	2.2
6	リラックマ	7.0	21	ドナルドダック	2.0
7	ポケットモンスター	6.9	22	仮面ライダーシリーズ	2.0
8	ふなっしー	5.7	23	スーパーマリオ	1.8
9	ワンピース	5.3	24	リトルツインスターズ（キキ&ララ）	1.8
10	くまモン	4.6	25	すみっコぐらし	1.7
11	くまのプーさん	4.0	26	ミッフィー	1.6
12	ドラゴンボール	3.3	27	となりのトトロ	1.5
13	マイメロディ	3.0	27	アナと雪の女王	1.5
13	アンパンマン	3.0	29	機動戦士ガンダムシリーズ	1.5
15	ムーミン	2.8	30	アイカツ！	1.3

出所：野澤（2016）

あるテレビアニメ系やファンシー系が依然として人気を保っていることが確認できる．さらに，ふなっしー（5.7%）やくまモン（4.6%）の人気が落ち着いてきたのがうかがえた．ご当地キャラ・ブームとも呼ばれた2013年の調査では，1位「ふなっしー」（10.04%），4位「くまモン」（9.82%）となっていた．

2011年からのご当地キャラ・ブームを一段と盛り上げた背景には，東日本大震災が大きく影響していると指摘されている．青木（2014）によると，厳しい社会環境の中で，人々が感情的・精神的な絆を欲したことによって，合理性や機能性を超えたエモーショナルな温かさや人間味が求められ，その担い手がキャラクターになったという．またご当地キャラ・ブームの背景には，2011年の東日本大震災時の広告の自粛ムードによって，ディズニーキャラクターを中心とした人気キャラクターの広告出稿量が激減したこともあると考えられる．ADK「キャラクター・パワー・リサーチ（2015-2016）」では，ミッキーマウスのような既存の人気キャラクターがその人気を取り戻したことから，それが裏付けられたのではないかと考える．さらに，地方経済の活性化を推進しようとする政府や地方自治体などの政策的な推進も，大きく影響しているといえる．

4．ご当地キャラ

ご当地キャラは，2007年の国宝・彦根城築城400年祭で生まれた「ひこにゃん」（滋賀県彦根市）の登場以前から，1993年に開催された東四国国体で登場した「すだちくん」のように国体や地方博のマスコットキャラクターとして親しまれていた．「ひこにゃん」登場以降，2011年の九州新幹線全面開通に向けた「くまもとサプライズ」キャンペーンで生まれた「くまモン」（熊本県），船橋市非公認キャラクター「ふなっしー」（千葉県船橋市）など，ご当地キャラは，近年のキャラクター・ビジネス業界で活躍している．2013年には，「アサヒ十六茶」のキャンペーンに複数のご当地キャラが起用され，当該ブランドのコミュニケーション戦略の中心的存在となった．

ご当地キャラの起源を日本独自のものとしてとらえる動きもあるが，ご当

図表8-7　ふなっしー

© ふなっしー

地キャラの形と活動内容をみると，その起源はアメリカのコスチュームド・マスコット（costumed mascot）からであると考えられる．

アメリカではプロスポーツを中心として，人や動物などを原型とした着ぐるみのコスチュームド・マスコットが活動し，プロスポーツ・チーム，学校などの代表的なシンボルとして活躍している．例えば，スポーツのゲーム途中で観客を喜ばせるパフォーマンスを披露するだけではなく，地域のさまざまな社会活動にチームの代表として参加している．練習が多忙なスポーツ選手が地域の活動に参加するより，チームのアンバサダーとしてコスチュームド・マスコットを派遣したほうが，むしろ参加者を喜ばせる場合もある．また，多くのイベントなどで効率よく多くのファンと接触できるので，その効果も大きいという．

近年のご当地キャラの人気により，一部の企業では自社オリジナルのキャラクターが存在するにもかかわらず，ご当地キャラをマーケティング・コミュニケーション活動に活用している場合もある（野澤・朴，2014）．

2011年から2015年までのADK「キャラクター・パワー・リサーチ」における，好きなご当地キャラ名の純粋想起（あなたが好きな「ご当地キャラ」

図表８－８　ご当地キャラのランキング時系列比較

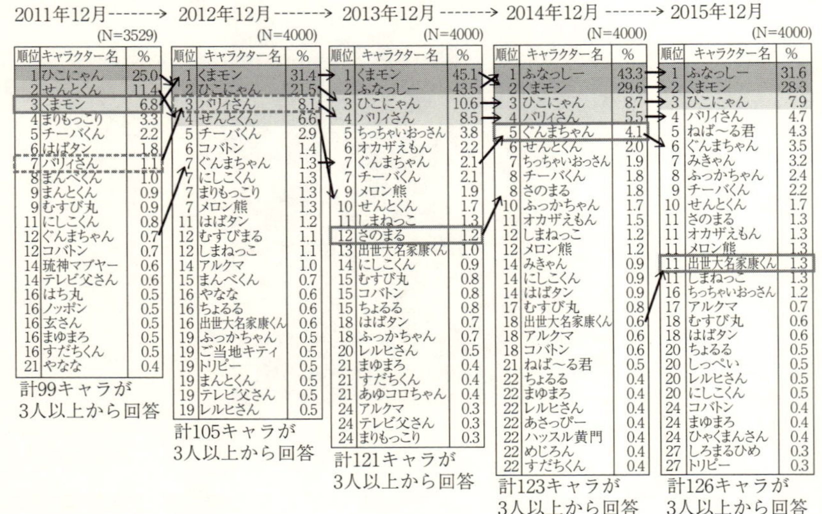

Q あなたが好きな「ご当地キャラ」は何ですか。
　好きな順に「3つ」までお書きください。（自由回答）

2011年12月-------> 2012年12月-------> 2013年12月-------> 2014年12月-------> 2015年12月

2011年12月 (N=3529)

順位	キャラクター名	%
1	ひこにゃん	25.0
2	せんとくん	11.4
3	くまモン	6.8
4	まりもっこり	3.3
5	チーバくん	2.2
6	はばタン	1.8
7	バリィさん	1.1
8	まんべくん	1.0
9	まんとくん	0.9
9	むすび丸	0.9
11	にしこくん	0.8
12	ぐんまちゃん	0.7
12	コバトン	0.7
14	琉神マブヤー	0.6
14	テレビ父さん	0.6
16	はち丸	0.5
16	ノッポン	0.5
16	玄さん	0.5
16	まゆまろ	0.5
16	すだちくん	0.5
21	やなな	0.4

計99キャラが
3人以上から回答

2012年12月 (N=4000)

順位	キャラクター名	%
1	くまモン	31.4
2	ひこにゃん	21.5
3	バリィさん	8.1
4	せんとくん	6.6
5	チーバくん	2.9
6	コバトン	1.4
7	ぐんまちゃん	1.3
7	にしこくん	1.3
7	まりもっこり	1.3
7	メロン熊	1.3
11	はばタン	1.2
12	むすびまる	1.1
12	しまねっこ	1.1
14	アルクマ	1.0
15	まんべくん	0.7
16	やなな	0.6
16	ちょるる	0.6
16	出世大名家康くん	0.6
19	ふっかちゃん	0.5
19	ご当地キティ	0.5
19	トリピー	0.5
19	まんとくん	0.5
19	テレビ父さん	0.5
19	レルヒさん	0.5

計105キャラが
3人以上から回答

2013年12月 (N=4000)

順位	キャラクター名	%
1	くまモン	45.1
2	ふなっしー	43.5
3	ひこにゃん	10.6
4	バリィさん	8.5
5	ちっちゃいおっさん	3.8
6	オカザえもん	2.2
7	ぐんまちゃん	2.1
7	チーバくん	2.1
9	メロン熊	1.9
10	せんとくん	1.7
11	しまねっこ	1.3
12	さのまる	1.2
13	出世大名家康くん	1.0
14	にしこくん	0.9
15	むすび丸	0.8
15	コバトン	0.8
15	ちょるる	0.8
18	はばタン	0.7
18	ふっかちゃん	0.7
20	レルヒさん	0.5
21	まゆまろ	0.4
21	すだちくん	0.4
21	あゆコロちゃん	0.4
24	アルクマ	0.3
24	テレビ父さん	0.3
24	まりもっこり	0.3

計121キャラが
3人以上から回答

2014年12月 (N=4000)

順位	キャラクター名	%
1	ふなっしー	43.3
2	くまモン	29.6
3	ひこにゃん	8.7
4	バリィさん	5.5
5	ぐんまちゃん	4.1
6	せんとくん	2.0
7	ちっちゃいおっさん	1.9
8	チーバくん	1.8
8	さのまる	1.8
10	ふっかちゃん	1.7
11	オカザえもん	1.5
12	しまねっこ	1.2
12	メロン熊	1.2
14	みきゃん	0.9
14	にしこくん	0.9
14	はばタン	0.9
17	むすび丸	0.8
18	出世大名家康くん	0.6
18	アルクマ	0.6
18	コバトン	0.6
21	ねば～る君	0.5
22	ちょるる	0.4
22	まゆまろ	0.4
22	レルヒさん	0.4
22	あさっぴー	0.4
22	ハッスル黄門	0.4
22	めじろん	0.4
22	すだちくん	0.4

計123キャラが
3人以上から回答

2015年12月 (N=4000)

順位	キャラクター名	%
1	ふなっしー	31.6
2	くまモン	28.3
3	ひこにゃん	7.9
4	バリィさん	4.7
5	ねば～る君	4.3
6	ぐんまちゃん	3.5
7	みきゃん	3.2
8	ふっかちゃん	2.4
9	チーバくん	2.2
10	せんとくん	1.7
11	さのまる	1.3
11	オカザえもん	1.3
11	メロン熊	1.3
11	出世大名家康くん	1.3
11	しまねっこ	1.3
16	ちっちゃいおっさん	1.2
17	アルクマ	0.7
18	むすび丸	0.6
18	はばタン	0.6
20	ちょるる	0.5
20	しっぺい	0.5
20	レルヒさん	0.5
20	にしこくん	0.5
24	コバトン	0.4
24	まゆまろ	0.4
24	ひゃくまんさん	0.4
27	しろまるひめ	0.3
27	トリピー	0.3

計126キャラが
3人以上から回答

※ADK「キャラクター・パワー・リサーチ」（全国の男女 3-59 歳，計 4,000 人に実施）結果より。
出所：野澤（2016）に加筆修正

は何ですか．好きな順に「３つ」までお書きください）の調査結果を時系列推移でみたのが図表８－８である．その人気は，上位１－２キャラに集中し，５位以下は５％未満しかない．さらに，2013年12月調査からは，「くまモン」と「ふなっしー」という２強のご当地キャラの人気が続いている．

図表８－９でも確認できるように，全国的には，「ふなっしー」，「くまモン」が突出した人気となっているが，このような全国的な人気とは別に，各地域の人々には人気のご当地キャラも多く存在している．

（一社）日本ご当地キャラクター協会は，「ご当地キャラ」の定義を，「ある特定の地域や，その地域の特産品，観光地，イベントなどを PR する目的で誕生し，活発に活動をおこない，地元愛を持って元気や笑顔溢れる地元活性化を達成しようとしていること，イラストではなく実物が存在すること」としている．そして，企業や宗教法人，その他団体が管理しているキャラク

図表8-9　ご当地キャラの地元と全国での好意度によるポジションMAP

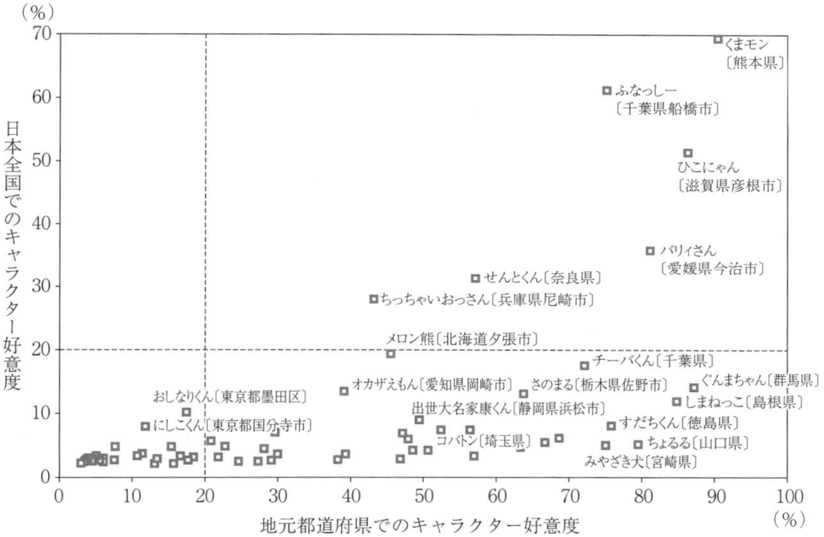
(%)
70
60
50
40
30
20
10
0
日本全国でのキャラクター好意度
くまモン〔熊本県〕
ふなっしー〔千葉県船橋市〕
ひこにゃん〔滋賀県彦根市〕
バリィさん〔愛媛県今治市〕
せんとくん〔奈良県〕
ちっちゃいおっさん〔兵庫県尼崎市〕
メロン熊〔北海道夕張市〕
チーバくん〔千葉県〕
オカザえもん〔愛知県岡崎市〕
さのまる〔栃木県佐野市〕
ぐんまちゃん〔群馬県〕
おしなりくん〔東京都墨田区〕
しまねっこ〔島根県〕
出世大名家康くん〔静岡県浜松市〕
にしこくん〔東京都国分寺市〕
すだちくん〔徳島県〕
コバトン〔埼玉県〕
ちょるる〔山口県〕
みやざき犬〔宮崎県〕
0 10 20 30 40 50 60 70 80 90 100
(%)
地元都道府県でのキャラクター好意度

出所：野澤・朴（2014）

ターの場合でも，明確な地元貢献の目的と実績があればご当地キャラに属する，としている．なお，「ご当地キャラ」と似たような使われ方をする「ゆるキャラ®」の定義は，命名者のみうらじゅん氏によると以下の通りである．「ゆるキャラ®」とは，「地方自治体主催のイベントや町おこし，名産品などのPRのために作られたキャラクターのことであり，特に，強いメッセージ性と郷土愛が込められた，立ち居振る舞いが不安定かつユニークなキャラクターの着ぐるみを指す」．なお，本書では「ご当地キャラ」を，「特定地域の振興，プロモーション，PR活動などのために活動しているキャラクター」と定義する（野澤・朴，2014）．

ご当地キャラの現状を確認するため，①出自と運営方式（公式・公認・非公認），②原型（人間型・動物型・その他），③地元モチーフの有無，という3つの基準からご当地キャラを分類する．野澤・朴（2014）の検証では，ご当地キャラの全国での好意度は，出自・原型・地元モチーフの，いずれの要因にも影響されないことが明らかになった．

図表8-10　ご当地キャラのタイプ分類結果および好意度スコア一覧

	タイプ分類			調査結果 好意度(%)(好き＋やや好き)	
キャラクター名	分類1：出自	分類2：原型	分類3：地元モチーフ	日本全国	地元都道府県
くまモン〔熊本県〕	公式	動物	それ以外	69.4	90.5
ふなっしー〔千葉県船橋市〕	それ以外	その他	地元	61.1	75.2
ひこにゃん〔滋賀県彦根市〕	公式	動物	地元	51.4	86.4
バリィさん〔愛媛県今治市〕	それ以外	動物	地元	35.8	81.3
せんとくん〔奈良県〕	公式	人間	地元	31.2	57.1
ちっちゃいおっさん〔兵庫県尼崎市〕	それ以外	人間	それ以外	27.9	43.2
メロン熊〔北海道夕張市〕	それ以外	動物	地元	19.4	45.6
チーバくん〔千葉県〕	公式	その他	地元	17.6	72.2
ぐんまちゃん〔群馬県〕	公式	動物	地元	14.2	87.3
オカザえもん〔愛知県岡崎市〕	それ以外	人間	それ以外	13.4	39.3
さのまる〔栃木県佐野市〕	公式	動物	地元	12.8	63.8
しまねっこ〔島根県〕	公式	動物	地元	12.0	85.0
おしなりくん〔東京都墨田区〕	それ以外	人間	地元	10.0	17.6
出世大名家康くん〔静岡県浜松市〕	公式	人間	地元	9.0	49.5
にしこくん〔東京都国分寺市〕	それ以外	その他	地元	8.0	11.7
すだちくん〔徳島県〕	公式	その他	地元	8.0	75.9
コバトン〔埼玉県〕	公式	動物	地元	7.3	52.4
はばタン〔兵庫県〕	公式	動物	それ以外	7.1	56.4
ふっかちゃん〔埼玉県深谷市〕	公式	その他	地元	7.0	29.7
ハッスル黄門〔茨城県〕	公式	人間	地元	6.8	47.2
むすび丸〔宮城県〕	公式	その他	地元	6.1	68.8
やなな〔岐阜県岐阜市〕	それ以外	人間	それ以外	6.0	47.9
まんべくん〔北海道長万部町〕	公式	その他	地元	5.6	20.7
トリピー〔鳥取県〕	公式	動物	地元	5.4	66.7
ちょるる〔山口県〕	公式	その他	それ以外	5.2	79.5
みやざき犬〔宮崎県〕	公式	動物	地元	5.2	75.0
とっとちゃん〔佐賀県鳥栖市〕	公式	動物	それ以外	4.9	27.8
うなりくん〔千葉県成田市〕	公式	その他	地元	4.8	22.6
レルヒさん〔新潟県〕	公式	人間	地元	4.7	63.3
すがもん〔東京都豊島区〕	それ以外	動物	地元	4.7	7.8
いしきりん〔大阪府東大阪市〕	それ以外	動物	それ以外	4.6	15.4
アルクマ〔長野県〕	公式	動物	地元	4.2	50.8
がくとくん〔福島県郡山市〕	公式	その他	地元	4.2	48.4
ことちゃん〔香川県・高松琴平電気鉄道〕	それ以外	動物	それ以外	3.9	56.8
あゆコロちゃん〔神奈川県厚木市〕	公式	動物	地元	3.8	11.2
与一くん〔栃木県大田原市〕	公式	人間	地元	3.7	29.8

コアックマ&アックマ〔北海道札幌市〕	それ以外	動物	地元	3.5	16.6
たか丸くん〔青森県弘前市〕	公式	動物	地元	3.4	56.8
滝ノ道ゆずる〔大阪府箕面市〕	公式	その他	地元	3.3	10.6
戸越銀次郎〔東京都品川区〕	それ以外	動物	それ以外	3.3	4.9
蓮花ちゃん〔奈良県葛城市〕	公式	人間	地元	3.1	21.4
つゆヤキソバン〔青森県黒石市〕	それ以外	その他	地元	3.0	18.2
唐ワンくん〔佐賀県唐津市〕	公式	動物	地元	3.0	38.9
しっぺい〔静岡県磐田市〕	公式	動物	地元	3.0	29.4
とっくりん〔徳島県徳島市〕	それ以外	その他	それ以外	2.9	13.8
しんじょう君〔高知県須崎市〕	公式	動物	地元	2.9	46.7
モモマルくん〔福岡県北九州市〕	公式	動物	それ以外	2.9	6.0
ミヤリー〔栃木県宇都宮市〕	公式	その他	地元	2.8	38.3
ニャジロウ（ニャッパゲ）〔秋田県〕	それ以外	動物	それ以外	2.8	17.6
カムロちゃん〔千葉県佐倉市〕	公式	人間	地元	2.8	4.7
みっけ〔大阪府枚方市〕	それ以外	動物	それ以外	2.8	3.7
ハンバーグマのグーグー〔静岡県袋井市・磐田市〕	それ以外	その他	それ以外	2.7	5.5
たかたのゆめちゃん〔岩手県陸前高田市〕	それ以外	その他	地元	2.7	24.0
ゾンベアー〔北海道小樽市〕	それ以外	動物	地元	2.6	5.2
カッパのコタロウ〔東京都墨田区〕	それ以外	その他	それ以外	2.6	3.4
ぼっくりん〔兵庫県高砂市〕	それ以外	その他	地元	2.6	7.5
ペッカリー〔岡山県備前市・BIZEN中南米美術館〕	それ以外	その他	地元	2.6	3.4
カパル〔埼玉県志木市〕	公式	その他	地元	2.6	5.9
かわりみ千兵衛〔福岡県福岡市〕	それ以外	人間	それ以外	2.5	7.2
たき坊〔東京都八王子市〕	それ以外	動物	地元	2.5	4.2
イーサキング〔鹿児島県伊佐市〕	それ以外	人間	それ以外	2.4	27.3
さなせなぼな〔長崎県佐世保市〕	それ以外	人間	それ以外	2.4	15.4
くもっくる〔東京都渋谷区〕	それ以外	その他	それ以外	2.3	3.3
桃色ウサヒ〔山形県朝日町〕	公式	動物	それ以外	2.3	12.9
大崎一番太郎〔東京都品川区〕	それ以外	その他	それ以外	2.2	2.8

出所：野澤・朴（2014）に加筆修正
注：全国の男女3-74歳（n=4,500）が調査対象

さらに，各ご当地キャラの当該地域（地元都道府県）に絞り込んで好意度を算出し，同様の分析を行ったところ，ご当地キャラの当該地域での好意度は，公式キャラのほうが，また，地元をモチーフにしたキャラのほうが高くなることが明らかになった．一方，ご当地キャラの原型は，全国であってもご当地キャラの地元であっても好意度に影響していないことが分かった．

この調査の結果から，全国でその人気が確認されたご当地キャラは僅かで，多くのご当地キャラは地元のみの浸透か，地元でもまだ知られていない

ものも多数あることが確認された．一部のご当地キャラの成功事例だけをみて，多くの地方自治体や民間企業でご当地キャラの制作がブームとなっているが，ご当地キャラの全国化は極めて難しく，成功にはかなりの時間と労力が必要である事実を看過している可能性もある．ご当地キャラは，地方創生のために観光や特産品などのPRやプロモーションに一役買う効果が期待できるが，公式のご当地キャラか否かは全国での好意度に影響しなかったことからも，政府や地方自治体による公式キャラクターの限界がうかがえた．したがって，ご当地キャラの制作やその活動へ支援は税金の無駄遣いという批判を避けるためにも，地方自治体のご当地キャラは，量産ではなく長期的な地域ブランド戦略の観点からの持続的な活動支援が前提になると考えられる．ご当地キャラの分類結果と好意度をまとめたのが図表8-10である．

ご当地キャラ達が登場し，注目を集めたのは，ブログやmixi，YouTube，ニコニコ動画などのソーシャル・メディアが一気に普及していった時期とほぼ一致している．地域内外のイベントで精力的に活動を続ける彼らの姿をファンや住民達がソーシャル・メディア上で拡散し，それらの書き込みによる評判がテレビや新聞などのマス・メディアで紹介されて，人気が全国に広まっていった．では次に，ソーシャル・メディア時代の新たなメディア戦略を考察してみよう．

5．ソーシャル・メディア時代の新たなメディア戦略

ソーシャル・メディアとご当地キャラ人気の連動は，クラッター化（情報が大量に氾濫して，企業側が送った情報が選別されにくくなっていること）・フラット化（誰でも情報発信できるようになり，今までのような送り手側からの一方的な情報が届きにくくなっていること）・フリー化（無料のメディアやサービスが増えて，誰でも気軽にアクセスできるようになっていること）というコミュニケーション環境の変化と深く関係していると考えられる．

岩崎・小川（2017）は，現状のメディア研究の枠組みでは，マス・メディアとソーシャル・メディアの世界は分断されていることを指摘し，マス・メ

図表8-11　「環メディア」の存在とその役割

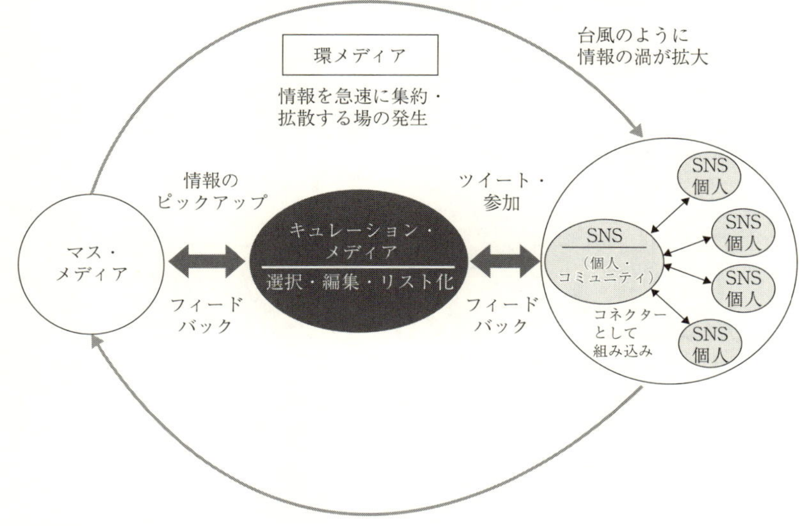

出所：岩崎（2017）49頁

ディアとソーシャル・メディアの情報的な分断を理論的に統合できる「代替的なメディア理論」を検証した．その結果，マス・メディアとソーシャル・メディアをつなぐ中間的メディア（キュレーション・メディア）が存在することを確認した．具体的には，ツイッターやフェイスブック，LINEなどを介してマス・メディアに情報を伝え，商品やキャラクターのヒットを瞬間的に増幅させる特性を持つ中間的なメディア（YouTube，Yahoo！ランキング，2ちゃんねる，まとめサイトなど）の存在である．彼らによると，マス・メディアやソーシャル・メディアからの情報をキュレーション・メディアが取り上げることで情報のメディア間反芻が起こり，そこに情報の集積・拡散の場が発生して，マスとソーシャルそれぞれのメディアでの情報拡散が急激に活発化するという（図表8-11）．

例えば，「ふなっしー」のソーシャル上の活動を説明すると，2011年末からツイッターで活動を開始し，2013年2月に「アサヒ十六茶」キャンペーンへの抜擢やワイドショー「スッキリ‼」生出演でのハプニングなど，偶然の機会がきっかけで一躍脚光を浴び，当時2000弱だったフォロワー数が爆発的

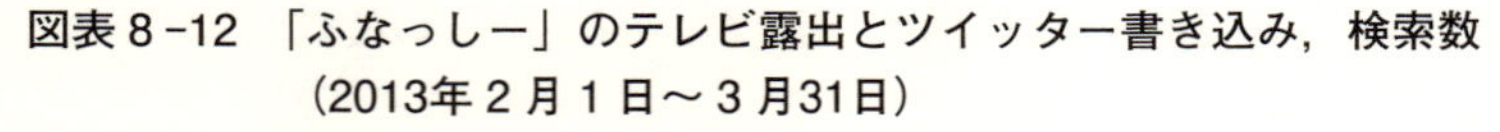

図表8-12 「ふなっしー」のテレビ露出とツイッター書き込み，検索数（2013年2月1日～3月31日）

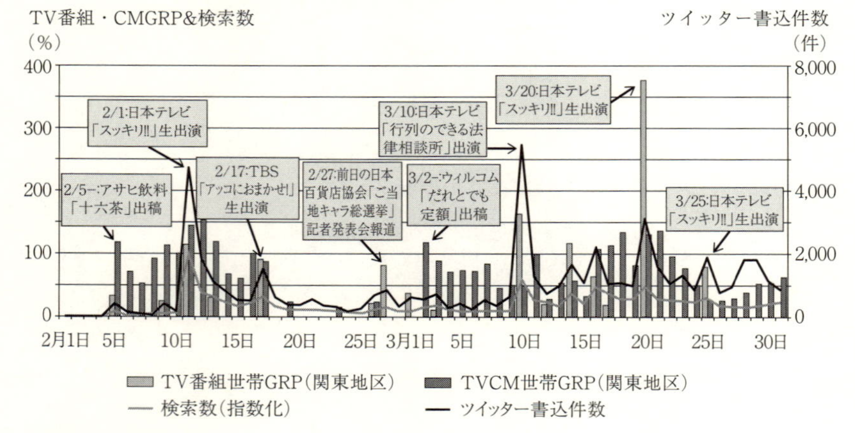

出所：野澤（2017）70頁

に増えていった．2017年12月22日時点ではフォロワー数が147万9096となり，日本のセレブリティのツイッターのフォロワー数の中でもトップクラスになっている．

図表8-12は「ふなっしー」のテレビ露出とツイッターの書き込みや検索をグラフ化したものであり，「ふなっしー」の人気の背景に，マス・メディアであるテレビでの露出と新たなメディアであるソーシャル・メディアのシナジー効果があることが確認できる．

一般人から一躍セレブリティになった「ふなっしー」だけではなく，特定の分野や人々の中で知名度を高め，ソーシャル・メディア時代の新たなセレブリティとなった「マイクロ・セレブ」も注目すべきである．

彼らは既存のマス・メディアを基盤として誕生したセレブリティとは異なり，ソーシャル・メディアを基盤としている．さらに，マスのファンではなく，趣味や関心などの一部のコア・ファンによって支えられている．コア・ファンには，例えば，プロゲーマー，ユーチューバー[3)]，ブロガーなどがあげられる．

佐藤（2017）によると，アメリカのクチコミ・マーケティング協会（以

図表8-13　インフルエンサーの4分類

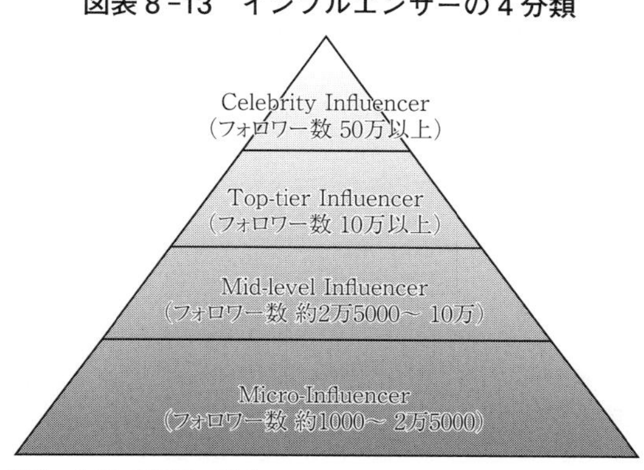

出所：佐藤（2017）62頁

下，WOMMA）の2017年の大会では，「マイクロ・インフルエンサー[4)]」の活用が話題になったという.「インフルエンサー・マーケティング」は2016年に爆発的な成長を見せた結果，クライアント側マーケターの84%が施策として試してみて，94%が効果的だと感じたと報告されたという．WOMMAのインフルエンサー・マーケティングのガイドラインでは，セレブリティ・インフルエンサー（celebrity influencer），トップ層インフルエンサー（top-tier influencer），ミドルクラス・インフルエンサー（mid-level influencer），マイクロ・インフルエンサー（micro-influencer）に分類されてる（佐藤，2017）.

インフルエンサー・マーケティングの中でも「マイクロ・インフルエンサー」に注目が集まっている理由として，佐藤（2017）は，①セレブリティ・インフルエンサーともなれば自社ブランドや製品を推奨してもらうのには高額の謝礼が必要になるのに対して，マイクロ・インフルエンサーであれば比較的少額の予算から活用が可能であること，②よりフォロワーの多いインフルエンサーに比べて，マイクロ・インフルエンサーのほうが推奨された側の反応が良いこと，③マイクロ・インフルエンサーは，「旅行に詳しい」，「登山の情報ならかなりのものだ」，「レディースバッグのことばかり発信している」など，興味関心（フォロワーの興味関心）が明瞭な場合が多いため，企業側は発信したいことにぴったりのマイクロ・インフルエンサーを選びやすい，という3つを挙げている．

6．まとめ

セレブリティ・コミュニケーションの中で，キャラクターを活用している企業や地方自治体が増えている．さらに，キッズと女性向け用品を中心に幅広い年代への物販やコラボ商品化も国内外を問わず活発化している．キャラクターそのものの話題性や好意度の高さから，企業やブランドの好感度を高めるためのキャラクター活用は最も効果的なセレブリティ・コミュニケーション戦略であると考えられる．

本章では，先行研究を考察したうえで，国内のキャラクター市場の動向およびキャラクターに対する消費者の意識を確認し，マーケティング・コミュニケーション戦略におけるキャラクターの活用の方向性を提示した．さらに，「ゆるキャラ®」ブームから現在までの動向や分析結果などから，ご当地キャラの活用についても検討した．さらに，その背景にもなる新たなメディア戦略の必要性や，マイクロ・セレブの影響力についてもより注目すべきであることを提示した．

〈注〉

1）「ゆるキャラ®」のうち，地域のPRを目的としたものはご当地キャラとする．
2）本章は，朴・野澤（2013）「マーケティング・コミュニケーションにおけるキャラクターの活用実態と効果」『日経広告研究所報』268号と野澤・朴（2014）「ご当地キャラの定義・分類と支持要因に関する実証研究」『日経広告研究所報』277号の所載論文を基に，野澤智行氏の許諾を得て作成したものである．
3）YouTube上に公開する動画を制作し，その広告収入を得る人．
4）筆者はマイクロ・セレブリティと同義であるとする．

企業のクリエイティブ戦略上のセレブリティ・コミュニケーション戦略
―3社の事例をもとに―

1．はじめに

広告キャンペーンに起用されたセレブリティは，その企業および商品ブランドの一部となっている．「人気タレントを起用すると広告効果は高まるのか」，「ブランド・エクイティを高めるためには，どのような人物をどのように起用すべきか」，「人物の起用と活用方法は広告予算に関係があるのか」，「既存のセレブリティを起用するか，あるいは独自の新人をデビューさせるか」など，クリエイティブ戦略におけるセレブリティの起用に関する議論は尽きない．ところが，第5章で考察したようにその手法とプロセスは広告業界で確立されているわけではない．

そこで本章では，2000年代以降の日本のヒット広告キャンペーンにおける人物の起用効果に焦点を合わせ，コミュニケーション戦略の観点から具体的な事例について考察する．本章の調査対象としている3社（サントリー「BOSS」，シャープ「AQUOS」，エステー「消臭力」）の成功事例をセレブリティ・コミュニケーション効果の観点から分析する．

2．サントリー「BOSS」（トミー・リー・ジョーンズ）

サントリーホールディングス㈱（以下，サントリー）は，ウィスキー，ビール，清涼飲料水の製造・販売等を行う総合企業グループである．オールド，ザ・プレミアム・モルツなどの酒類だけではなく，BOSS，DAKA-RA，伊右衛門など清涼飲料水のブランドも，各々の製品カテゴリーでは代表的なブランドである．

サントリーは，ウィスキーを中心とした洋酒を中心に成長した日本を代表する企業であるが，1980年以降の市場環境と消費者ニーズの変化などに伴い，現在は飲料部門の規模が酒類を上回っている．この飲料製品の中でも主力飲料ブランドともいえる，缶コーヒー「BOSS」の広告キャンペーンを中心に，サントリーのクリエイティブ力を探りたい．

サントリーの広告力は創業時にまで遡ることができるが，BOSS の宇宙人が地球調査をする「宇宙人ジョーンズ」シリーズは，サントリーのクリエイティブ力を実感させる．実際に，2007年の TCC グランプリ，2008年の第37回フジサンケイグループ広告大賞など，数々の広告賞を受賞している．

本書では，BOSS の「宇宙人ジョーンズ」シリーズを中心に，CM を中心としたブランド・コミュニケーションによって引き起こされる，共感性と話題性の重要性に焦点を合わせて考察する．

2-1.「宇宙人ジョーンズ」シリーズの導入とトミー・リー・ジョーンズの起用背景

1980年以前まではウィスキーを中心とした洋酒部門が売上の 7 割以上を稼いでいた（現在は食品〈飲料，健康飲料，他〉の売上がサントリー全体売上の53%を占めている，2016年12月31日基準，サントリーのホームページより）が，市場と消費者ニーズの変化（焼酎ブーム）に伴い，その他の事業部門の重要性が浮かび上がったことが，BOSS ブランド誕生の背景にあった．

飲料市場の中でも，コーヒーの重要性は高く，1990年初期の徹底した市場調査と研究開発から誕生したのが缶コーヒーの BOSS である．

缶コーヒーの販売量は，日本が世界的にみても多く，この背景には世界一の自動販売機の多さがある．自動販売機を中心とした清涼飲料水の販売ルートは，値下げをせずに販売できるメリットもあり，メーカーにとっても魅力的な市場であろう．

圧倒的な自動販売機数を有している「コカ・コーラ」の赤い自動販売機とは対照的なサントリーの自動販売機の青色は，初期のBOSS缶の色でもある．さらに，自動販売機の側面にBOSSのシンボルマークをつけるなど，BOSSをサントリーの自動販売機販売による飲料部門の中核な製品ブランドとして位置付けていたことが分かる．

BOSSの下位ブランドとしては，「レインボーマウンテンブレンド」，「贅沢微糖」，「ブラック」などがある．以前は下位ブランドである「レインボーマウンテンブレンド」を中心とした広告展開であったが，サントリーの缶コーヒーの上位ブランドである「BOSS」を広告展開の中心にするという狙いから「宇宙人ジョーンズ」シリーズを企画・導入することになったという．

これらの理由から企画されたシリーズは，缶コーヒーという差別化が困難な商品において，広告キャンペーンによって「働く人の相棒」というブランド・イメージを確立することを目指した．

BOSSのコンセプトも，開発初期から働く人々を応援することであったので，広告でも働く人々のありのままの生活を描くことにした．働く人々がBOSSの缶コーヒーを飲むことで，CMのクリエイティブに共感できることを狙っている．

働く人々を応援したいというブランド・コンセプトは，広告内容としては，頑張れというメッセージを直接伝えるのではなく，働く人達の日常生活そのままを肯定することで表現したという．

働く人達の生活をポジティブに描くためには，同じ目線にいる日本人という地球人よりも宇宙人から肯定するメッセージを語ったほうが良いのではないか．つまり，同じ地球人（日本人）同士がお互いに誉めあうよりも，第三者的な立場（宇宙人）の視点で働く人々の生活を肯定的に受け入れたほうが良いという考えから，主人公を宇宙人とし，そのキャストに外国人を起用することになった．

このような発想から始まったのが「宇宙人ジョーンズ」シリーズである．このシリーズの主役として演技力のある外国人俳優を候補として考えた結果，映画「メン・イン・ブラック」などで有名なハリウッドスター，トミー・リー・ジョーンズを起用することになったという．

シリーズの最初のCMをオンエアしたころは，それほど知名度が高くなかったため，起用されたタレントは誰かという声が出ることもあった．しかし，BOSSのCMによってだんだんトミー・リー・ジョーンズが知られるにつれて，消費者の関心を集めるようになり，現在は彼とBOSSのイメージがかなり強く結びつくようになった．その結果，ビデオ・レンタル・ショップでも，出演映画に「宇宙人シリーズのジョーンズ」というキャプションがつくほどであるという．

2-2. 「宇宙人ジョーンズ」シリーズの内容

宇宙人の目線から日本の現状をそのままコミカルに描いている「宇宙人ジョーンズ」シリーズは，宇宙人のジョーンズが，ディスカウントストアの店員，宅配便の配達員，カラオケ店の店員，ホストクラブのホスト，牧場の厩務員，フリーペーパーのサンプリング，手荷物検査官，温泉の番頭，農業作業員，役者，大工，現場作業員，ラーメン屋台の親父，知事などになって地球調査活動を行うという設定である．

「この惑星」=「日本」，「宇宙人」=「外国人」，「地球調査」=「日本調査」という観点からCMの内容が構成されている．また，CMの後半には必ず地球調査レポートが挿入される．例えば，「ただ，この惑星では，無口なほうがもてる」，「だが，この惑星の達成感はくせになる」，「この惑星では，近頃の若い者と呼ばれる存在に対して，風当たりが強い」，「この惑星では，空気が読めないとまずい」，「この惑星のオムライスは，萌え…」，「この惑星では，退職してからもキツイ」，「この惑星の日焼けサロンはすごい」，「この惑星の温泉卓球は面白い」，「この惑星の親は，子供を叱らない」，「この惑星の缶コーヒーだけはやめられない」，「この惑星の八代亜紀は泣ける」などである．日本の社会を見事に風刺しているところに，BOSSのクリエイティブ力が凝縮されている．

「宇宙人ジョーンズ」シリーズは，2006年4月4日から始まった．「宇宙人ジョーンズ・登場」篇から始まったこのシリーズは，その後「宇宙人ジョーンズ・ディスカウントストア」篇，「宅配便」篇，「地上の星」篇，「屋台」篇，「知事」篇，「白戸家」篇をはじめとした数多くの話題作が続いた．

図表9－1　「宇宙人ジョーンズ」シリーズ1

画像提供：サントリーホールディングス㈱

図表9－2　「宇宙人ジョーンズ」シリーズ2

画像提供：サントリーホールディングス㈱

これらの作品の中でも消費者の反響が最も大きかったのは，「地上の星」篇だったという．これは，インターネット上では「プロジェクトX」篇として知られている．中島みゆきの「地上の星」が流れることなど，NHKの人気番組「プロジェクトX」を連想させるシーンが多いことからそう呼ばれていると思われる．

2008年8月23日からオンエアされたこの「地上の星」篇は，工事中のトンネル内部から始まる．現場作業員になったジョーンズが，ロックボルトを壁に差し込みながら今まで起こったことを回想する．毎日檄を飛ばす現場監督のこと，作業中の現場監督と同僚の頭上に崩れ落ちてきた岩をすんでのところで受け止め元の位置に押し戻したこと．トンネルの貫通式では現場監督から「ジョーンズ，お前がやれ！」といわれ，最後の発破のスイッチを押すことになる．ジョーンズがスイッチを押すと壁の上部が貫通し，そこから抜けるような青空がみえる．作業員たちと一緒に，ジョーンズもいつの間にか，泣きながら万歳をする．最後に「この惑星の達成感はくせになる」というジョーンズのナレーションと，「レインボーマウンテンブレンド」の商品写真が出てCMは終わる．

2008年12月6日からオンエアされた「屋台」篇も，CM総合研究所の好感度調査の飲料部門で1位となるほど好評だった．この作品では，ジョーンズは屋台のラーメン屋の親父になり，黙々とラーメンを作りながら「この惑星の住人は，飲んだ後に，ラーメンを食べずにはいられない」というナレーションが入り，飲酒後にラーメンを食べる日本人の生態を描く．

その後，ラーメン屋へ美しい女性（鈴木京香）が入ってくると，ラーメンを食べていた男達は美しい女性に声をかけようとする．その瞬間どんぶりからナルトが2枚飛び出し，男性の目の周りにビタッと貼り付いてしまう．

お店を閉めた後，後片付けをしているジョーンズの横で，「終電終わっちゃったし」とつぶやきながら，待っている美しい女性．BOSSを飲みながら，片手で屋台を引くジョーンズに「泊まっちゃおうかな，親父さんの家」とまさかの発言があり，ジョーンズは両耳から蒸気を噴き出して興奮するというコミカルな場面に．そしてBOSSをひと口飲み，「この惑星では無口なほうがもてる」という最後のナレーションで終わる．これらのCMは，2009年11月4日に行われた全日本シーエム放送連盟（ACC）「第49回ACC CMフェスティバル」最高賞である総務大臣賞／グランプリを受賞するなど高く評価された．

2-3.「宇宙人ジョーンズ」シリーズの展開

サントリーによると，現在のメインターゲットは成人男性であり，コミュニケーションのターゲットとしては，20代から30代までを中心としているが，男女別の実際の支持層としては，8対2くらいの割合で男性の比率が高いのが現実だという．CM総合研究所の調査によると，BOSSのキャンペーンは主に中年の男性層から強く支持されている．実際，BOSSの開発初期には，タクシードライバーや長距離トラックの運転手，建設現場で働く人など，ブルーカラーが缶コーヒーのヘビーユーザーだったことから，「働く人の相棒」というBOSSのコンセプトが生まれた．

CMの中で宇宙人ジョーンズはさまざまな仕事を転々としながら地球調査をしているため，大工などのブルーカラーのイメージが強いのは事実であるが，現在はブルーカラーをメインターゲットとしているわけではないという．働く人達を描いていく中で，サラリーマンという職業は特徴から演じる役が限定的になるため，さまざまな職業という点でたまたまブルーカラーが多くなったという．

メディアは，基本はテレビ，新聞，ラジオ，コミック誌，屋外看板（ドライバー向け），電車の中吊り，駅貼りポスターなど，消費者のコンタクトポイントを中心にしている．缶コーヒーのヘビーユーザーであるドライバーのために，屋外看板広告などのOOH広告やラジオ広告も充実させている．また，地域の特性に合わせて，テレビ＋ラジオ，テレビ＋交通などのクロスメディア戦略を行っている．さらに，ウェブ広告やモバイル広告にも力を入れている．

流通経路をみると，缶コーヒー市場における自動販売機の影響は大きい．日本の自動販売機の普及率は世界で最も高い水準に達しており（鷲巣，2003），缶コーヒー市場の成長は自動販売機によって支えられてきた．しかし，競合他社（日本コカ・コーラ）の圧倒的な自動販売機数は，市場シェアとしてはサントリーが2位にとどまっている要因になっていると思われる．

自動販売機は，全国にネットワークされたメディアとしての機能も果たしているという．1993年頃からは，自動販売機をみるとすぐにBOSSを想像してほしいという狙いから，すべての自動販売機の色を初期のBOSSの青色に合わせたほか，BOSSのシンボルマークとブランドを側面につけることにした．自動販売機に貼られるポスターも重要なメディアの機能を持ち，時期によってサントリーの飲料ブランドを入れ替えている．BOSSは9月からの秋冬の時期にかけて自動販売機のポスター広告を出している．

なお，「宇宙人ジョーンズ」シリーズは，起用したセレブリティが外国人であるために，大抵まとめて撮影していることが多く，今後も好評である間は，続けてオンエアする予定であるという．

2-4. 「宇宙人ジョーンズ」シリーズの成功要因

「宇宙人ジョーンズ」シリーズの主な成功要因を整理してみると，以下のとおりである．

第一に，シリーズ各編のクリエイティブを最大限に生かすことによって，消費者に共感させ話題性を持たせることができたと評価できる．これらのことによって，BOSSはブランド連想を豊かにすることができた．

BOSSの広告キャンペーンは，消費者に対して刺激したい箇所を少しずつずらしている．例えば，「地上の星」篇ではトンネルの貫通という達成感を，「屋台」篇では鈴木京香からのなんとなく女性からあんなことをいわれたらいいなということを，クリエイティブに反映する．これらのクリエイティブによって，BOSSに対する消費者のブランド連想を強く，好ましく，ユニークにしている．それにより，消費者はサントリーの自動販売機をみるとすぐにBOSSの面白いCMを連想し，それが販売増にも繋がったと考えられる．

第二に，社内のクリエイティブ体制をあげることができる．サントリーは，製品事業部の製品開発者とブランド・マネジャー，宣伝部のブランド・マネジャーという体制で広告制作に関与し，クリエイティブが制作されている．このような体制は，さまざまな摩擦が起こることもありうるが，各立場から協議されることで強いクリエイティブ企画が出来上がる要因となるのではないかと思われる．

このような体制から生まれるクリエイティブだからこそ，数多くの下位ブランドを維持しながら，各ブランドに合わせたトーンとマナーを広告キャンペーンに反映させることができ，さらにクリエイティブを生かすことができたと考えられる．

競合他社の場合，製品担当者がそのままプランナーになっていることが多いことを考えると，このクリエイティブ組織体制にサントリーの特色があると考えられる．

より具体的には，製品の事業部と宣伝部が協議をしながらキャンペーン企画を行っている．例えば，製品事業部だけのキャンペーン企画になると，製品の良さを強調する企画になる．一方，宣伝部だけのキャンペーン企画になると，面白さを中心に追求したクリエイティブになる恐れがある．さらに，製品ブランドだけの企画になると，上位ブランドまたはサントリーという企業ブランドのトーンとマナーを損なう恐れがある．

以上のように，サントリーでは，製品事業部と宣伝部がお互いにカウンター（反対）機能を持ちながら，いい企画を採択するという仕組みになっている．これはオリエンテーションの前の段階からで，製品事業部と宣伝部間の協議のうえでキャンペーンの企画を決めることは，大切であるという．

なお，サントリーの宣伝部は，サントリーコミュニケーションズ宣伝部，サントリー食品宣伝部，サントリースピリッツ宣伝部という3つに分かれている．この中で，サントリー食品とサントリー酒類の宣伝部は，ブランド・マネジャー制になっている．

ブランド・マネジャー制によって，各ブランド・マネジャーが自分のブランド・クリエイティブからメディアまで，すべてを考えることになっている．また，宣伝部の中に機能別の担当者がいる．例えば，クリエイティブの担当者，メディア担当者などである．クリエイティブの担当者の場合は，食品から酒類までのすべてのクリエイティブをみる仕組みになっている．つまり，ブランド別と宣伝機能別とで担当者が縦と横のマトリックス構造になっているのである．

このような体制によって各担当の意見が反映され，丸い（平凡な）クリエイティブにならないように，最終的には生きたクリエイティブのままオンエアされるよう，各担当者も気を使っている．

これらの体制ができているため，コミュニケーションの一貫性が損われることなく，BOSSの発売当時から一貫して，「働く人の相棒」としてのキャンペーンが持続できている．この一貫性も，BOSSブランドの構築に貢献したと評価できるだろう．

例えば，「宇宙人ジョーンズ」シリーズは「働く人の相棒」というコンセプトを中心にクリエイティブが企画された．つまり，BOSSブランド全体の観点から働く人々の生活をそのまま描いたために，缶コーヒーの製品的な要素（例：原産地，製造方法など）や機能性なども排除した．

このように，ブランド構築という長期的な観点から一貫したトーンとマナーで広告キャンペーンが展開されている．単発的なCM効果よりも，長期的にBOSSブランドに対する消費者愛着を積み上げることによって，BOSSブランドの構築という長期的な観点からアプローチしている．つまり，単発的なキャンペーンによる短期的な効果を狙ってはいないのである．以上のことから，サントリーのクリエイティブ組織は，多くのブランドを有している企業がどのようにブランドポートフォリオを管理できるかをみせてくれている．

第三に，社外のクリエイティブの面からみると，日本のトップクリエイターの１人であるクリエイティブ・ディレクターの佐々木宏氏が，1992年のBOSS発売当時から一貫して担当している．彼が，ある意味BOSSブランドとしてのトータルなクリエイティブをコントロールしてきたことも，BOSSキャンペーンの成功要因として欠かせない．

シリーズの各篇が優れたクリエイティブを発揮できた先行要因には，クリエイティブ・ディレクターである佐々木氏のクリエイティブ力と，サントリーの宣伝部との信頼関係によって，どんな奇抜なアイディアも採択して斬新なクリエイティブを実行したことがあるだろう．つまり，クリエイティブ・ディレクターとの信頼関係によって，ヒット作を次々と生み出すことができたといえよう．

3．シャープ「AQUOS」（吉永小百合）

シャープ㈱（以下，シャープ）は，液晶テレビの国内最大手であり，携帯電話や携帯情報端末などに用いる中小型液晶パネルにも強みを持っている．太陽電池も世界トップクラス．特に液晶テレビ「AQUOS」は，日本国内市場でシェア１位である（2016年出荷台数基準として日本国内シェア33.3％で１位『日経業界地図2018年版』）．

日本国内市場におけるシャープの代表的な液晶テレビブランド「AQUOS」に対する消費者の評価は高く，「薄型テレビの最高峰（最高の画質，品質，デザイン）」と評価されている．このようにシャープの液晶テレビブランドが，国内市場で最高のブランドとして位置付けられるようになったのは，2000年代に入ってからである．

シャープによると1998年当時のブランド力は，家電業界9社中7位だったという．このように，業界7位という下位のブランド力であった企業が，業界トップのブランド力を誇るようになった．2000年以降のシャープの飛躍的なブランド力向上の背景には，1998年に当社が宣言した「2005年までに国内のテレビをブラウン管から液晶に置き換える」というビジョンをもとに，ブランド戦略を経営戦略そのものにしたことがあったのではないかと考えられる．

現在（2017年）では起用セレブリティが柴咲コウになるなど，コミュニケーション戦略が変更されているが，本書では，シャープのブランド構築のプロセスの中で中核的な役割を果たした，2011年当時の液晶テレビブランド「AQUOS」の広告キャンペーンを中心とした，ブランド・コミュニケーション戦略に焦点を合わせて考察する．

3-1．「AQUOS」ブランド誕生の背景

2000年頃まで，消費者のシャープのブランドに対するイメージは，「あこがれを感じない」，「お手ごろ価格の製品を提供してくれる会社」であった．このような厳しい消費者評価を真摯に受け止めて，シャープのブランド戦略は企業の経営戦略そのものとして始まった．

シャープのブランド力を高めるために，2002年に社内で初めてブランド戦略室を設けた．このブランド戦略室では，シャープ・ブランドを抜本的に改革するために，ブランド・イメージ調査をもとにシャープのブランド力を高める活動を着々と進めた．シャープでは，コーポレート・ブランドを高めるためには，まず製品ブランドからブランド力を高めなければならないことに気付いた．そのベースとなった製品カテゴリーが液晶テレビである．液晶テレビをコーポレート・ブランド構築の柱としたのは，テレビが家電の王様であり，テレビのブランド力を高めれば，その他の製品カテゴリーへも波及効果が大きいと見込めるからである．つまり，テレビブランド「AQUOS」のブランド力を高めることによって，結果的にコーポレート・ブランドの力も高められると考え，液晶テレビのブランド構築に集中することにしたのであ

る．

2002年のブランド戦略室の発足当時，どうブランド力を上げることができるかについて手探り状態で試行錯誤した結果，メーカーである以上，ブランドは広告キャンペーンによるイメージ訴求だけでは構築できないことが分かった．つまり，商品そのものの良さを消費者にみせていかなければ，メーカーとしてのブランド構築はできないことを認識したという．したがって，シャープが競合他社に比べて競争優位性を持っていた液晶テレビのブランド力を上げることが，「AQUOS」誕生の背景になったという．

シャープの液晶テレビブランドは，1999年までウィンドウというブランド名だったが，グローバル・ブランドとしては望ましくなかったため，「AQUOS」というブランド名にした．AQUOSとは英語の“Aqua（水）”と“Quality（品質）”から発想，合成したネーミングであり，液晶（liquid crystal）の持つイメージを表現している．

3-2. シャープの液晶テレビの広告キャンペーン

シャープの液晶テレビのブランディングを目的としたキャンペーンは，2000年の正月から始まった．吉永小百合をキャスティングした「液晶世紀」キャンペーンである．このキャンペーンでは，ふろしきに包まれたブラウン管テレビを横に，「20世紀に置いてゆくもの．21世紀に持ってゆくもの」というナレーションとともに，吉永小百合が液晶テレビをひざの上に抱いて登場する．

これは2000年1月1日から4日まで，正月特番を中心に放送された．また，1月5日からは，新聞，駅貼り広告，中吊り広告などを通じてキャンペーンを展開し，多くの消費者と取引先から絶大な反響を呼ぶことができたという．

そして「AQUOS」発売前の2000年から2015年まで，一貫して吉永小百合をキャスティングして品質の良さを訴え続けたことが，ブランド・イメージを高めることにつながったと評価できる．さらに，ブランド力を高めることに貢献した広告キャンペーンに，2006年から開始した世界の名画を訪ねるシリーズがある．この企画には，世界の名画の高級感を「AQUOS」に重ね，同一化することで，高級なイメージを構築する狙いがあった．1月の「モネの庭」篇を皮切りに，5月から「ゴッホ・夜のカフェテラス」篇，2006年9月から「北斎」篇，2007年元旦からは「スーラ」篇，同年9月から「ゴッホ・ひまわり1」篇，同10月から「ゴッホ・ひまわり2」篇，2008年4月から「フェルメール」篇など，次々とオンエアされた．

吉永小百合とこれらの名画を共演させることによって，フルスペックハイビジョンの画質の高さを，消費者の感性に訴えかけることができた．特に，「世界の名画」シリーズ第2弾のゴッホの名画「ゴッホ・夜のカフェテラス」篇である．100年余り経った今でも実在するカフェを撮影し，フルスペックハイビジョンの高画質を伝え，ゴッホが日本の美や色彩に憧れを抱いていたことにも触れて，日本で開発かつ製造したシャープ製のパネルの品質の高さを訴えた．

「ゴッホ・夜のカフェテラス」篇に続いて，2006年9月からは「北斎」篇をオンエアした．美しさと迫力を兼ね備えた「北斎」キャンペーンは，シャープによると，吉永小百合を起用した広告キャンペーンの中で最も高い評価を得たという（CM総合研究所データによる）．「北斎」篇は，「世界で初めて，時間を止めて見せたのは『北斎』の筆でした」というナレーションとと

図表9－3　「AQUOS」の吉永小百合

画像提供：シャープ㈱

もに，吉永小百合の青い着物姿が印象深い．また，このキャンペーンは，世界初の液晶テレビ一貫生産工場の亀山第二工場（三重県亀山市）が稼働した時期にオンエアされた．日本の画家である「北斎」と，日本ですべてを一貫生産する工場であることの相乗効果もあって，さらに高く評価されたと考えられる．この「北斎」篇は，アメリカのニューヨークのタイムズスクウェアでもオンエアされたという．

この「世界の名画」シリーズは，高い認知度（2006年以後は90％以上）を獲得でき，シャープにとって一貫して上質なイメージを訴え続けるキャンペーンとして位置付けることができたと考えられる．さらに，亀山第二工場を稼働し始めた時期にこのシリーズを放送したことで，最高の女優である吉永小百合，最高技術の液晶パネル「亀山モデル」，最高の絵である「世界の名画」がつながり，消費者の脳裏には液晶テレビの最高峰としてシャープの「AQUOS」を印象付けることができたと考えられる．

3-3. 吉永小百合を起用した「AQUOS」

シャープのブランド・アイデンティティを的確に消費者に伝達して，ブランド力を高めることができたのは，モノづくりだけではなく，このような宣伝活動であったのは間違いない．シャープのブランド力が飛躍的に高められたコミュニケーション活動の中でも，CM を中心としたマス広告は，「AQUOS」のブランド力，ひいてはシャープのコーポレート・ブランド力を高めるのに多大な効果を発揮したといえるだろう．シャープのマス広告の中でもとりわけ，「AQUOS」のブランド力の向上に多大に貢献したともいえる吉永小百合のキャスティング要因をみていこう．

吉永小百合を起用した理由は，第一に，初期の液晶テレビは高額商品であったためメインターゲットは団塊世代であったが，彼女は彼らを中心に幅広い層からの支持が高かったことである．第二に，吉永小百合はあまり多くの広告に出演しないことから，長期的かつ継続的に起用することで，企業イメージと強く結びつく可能性が高かったことである．第三に，最高の液晶ブランドを目指していたので，日本最高峰の女優を起用することにしたことである．以上のような要因から起用された吉永小百合は，亀山モデルなど，その他の外的要因とも調和性が高く，シャープのブランド力を高めるのに大きな役割を果たしたと考えられる．

3-4. 原産国イメージ「日本製の亀山モデル」を反映したキャンペーン

高品質な国産品として「亀山モデル」を位置付けることができたのは，広告キャンペーンの効果だけではない．原産地名をブランド名として使用した「亀山モデル」は家電量販店に「亀山モデル」の棚があるほどで，「AQUOS」は液晶テレビの最高峰であり消費者から愛されるブランドとなった．「亀山モデル」の誕生によって，ブランド認知の段階から，消費者が買いたいブランド＝「AQUOS」となったともいえるだろう．当時，家電量販店の売り場担当者からも指名買いが多かったとの話を聞いた．続いてこの「亀山モデル」の誕生をみることにする．

シャープが液晶テレビ市場を広げようとしていたころは，日本の製造業の多くが生産コストの削減を目的に海外に生産拠点を移転，日本国内の空洞化が懸念されていた時期であった．モノづくり立国日本の空洞化が叫ばれていた時期に，三重県亀山市に液晶テレビの生産拠点を置くことを決めたことによって，政府，マスコミ，消費者などからシャープは注目を浴びるようになった．生産コストの増加にもかかわらず，国内に液晶テレビの生産拠点を置くことを決めたのには，最先端技術の流出を防止する目的もあっただろう．シャープの亀山工場が，マスコミから多大な注目を集めて家電メーカーの工場の中で最も有名になったため，パブリシティ効果は予想以上に大きくなった．シャープが，亀山工場で生産したパネルを採用した液晶テレビ「AQUOS」を「亀山モデル」と銘打って販売し，キャンペーンとして活用するようになったのは偶然だったという．亀山工場で作った液晶テレビであることを，地元に近い名古屋のある量販店が店頭でアピールしてくれたことが，亀山ブランドとして売り始めたきっかけだという．

地元のブランドであることを強調して販売した結果，亀山ブランド＝日本のブランドという図式から，販売の際に消費者にアピール力のあることが判明した．これにより，シャープでは，販売促進策として亀山という生産地名に注目，店頭のPOPにも取り入れるようになったという．日本の消費者が持っている日本製に対する高い評価を視野に入れ，亀山製であることを一種のブランドにしたことが，さらなるブランド力向上の背景要因になったともいえるだろう．この「亀山モデル」という一種のブランドを，広告キャンペーンに取り入れたのが2006年である．

3-5. シャープのブランディング戦略

以上のようなブランディングによって，「AQUOS」は液晶テレビの第一想起ブランドとしての地位を確立することができた．液晶技術の普及とコモディティ化によって，2016年現在は発売当時に比べると市場シェアは下がったものの，33.3%以上の市場シェアを持っている（『日経業界地図2018年版』）．

家電業界の下位ブランドからトップ・ブランドに変身したシャープのブランディング戦略が成功したのには，以下の要因があるだろう．

第一に，適切なセレブリティ（吉永小百合）のキャスティングが，ブランド・イメージの構築に欠かせないことが示された．最高の液晶テレビブランド，日本の工場で生産されているブランドとしてのイメージに相応しい吉永小百合を起用したのは，「AQUOS」が最高のブランドとして位置付けられるのに多大に貢献したといえるだろう．

第二に，原産国イメージや生産地（日本の亀山工場）という目にみえない特徴を，コミュニケーション戦略に取り込むことによって，さらなる効果を享受することができたと考えられる．日本の最高の液晶テレビとして亀山モデルのイメージを構築したことで，価格プレミアムを得ることができた．これらの効果は，「製品の良さを消費者にどのように伝えるかがその価値を左右する」ということを示唆する．

第三に，トップのリーダーシップによって，ブランド戦略を経営戦略そのものにしたことである．つまり，1998年の町田勝彦社長就任と同時に，2005年までにすべてのテレビを液晶テレビに置き換えるという明確なビジョンを，ブランド戦略だけではなく，全社的な企業戦略として取り組むことにし，統合的なブランド・コミュニケーション戦略を実行した結果であると考えられる．

第四に，単発的な広告キャンペーンではブランドは構築できないことから，長期的な目標を設定してブランド戦略に取り組んだことである．例えば，シャープには，「3年継続しないと物事は消費者に浸透しない」という基本的な考え方がある．具体的には，最初の2000年から3年間は「21世紀のテレビ」というブランド・イメージ認知期として広告を展開し，2003年から2006年頃までは「AQUOS」の環境イメージを強調した家シリーズを展開した．2006年からは「世界の名画」シリーズを展開することで，フルスペックハイビジョンの高画質イメージを浸透させた．このように中長期的な目標を持ったブランド戦略としてキャンペーンを企画し，実行したことが，成功要因の1つだと考えられる．

第五に，事業部ごとの広告宣伝費を全社で統合して管理することにしたことである．事業部ごと，つまり商品ごとの広告宣伝では，コーポレート・ブランドを育成することができないことが分かった．なぜなら，それぞれの商品ごとの広告宣伝費ではCMの場合，1週間から2週間くらいしか展開できず，すぐ終わってしまうからである．このようなテレビスポットの投下による単発的なキャンペーンでは，消費者の関心はキャンペーンが終わるとすぐに消えてしまい，ブランド・イメージを消費者に蓄積させることは到底できない．当時のシャープの仕組みは，各事業部，各商品が捻出した広告宣伝予算を全社で一括して管理し，戦略的な観点からブランド戦略を実行する仕組みになっていた．

2004年度には，各事業部からのほとんどの広告宣伝費を液晶テレビに集中させた結果，「AQUOS」のブランド力を高めることができたという．その後，DVDレコーダー，携帯電話などに「AQUOS」のブランドを拡張することができ，それらのカテゴリーでも消費者から高く評価されるようになった．さらに，「AQUOS」のブランド力が高くなるにつれ，シャープのコーポレート・ブランド力も高まり，結果的にその他のシャープ製品にもポジティブな影響が波及している．

第六に，シャープは，広告宣伝に関する過去の失敗例を徹底的に分析した結果を真摯に受け止め，その失敗例から自社に適している新たなブランド戦略を構築した．例えば，ブランド力は短期間で構築できるものではない，事業部ごとの宣伝費を宣伝部が一括して管理し個々の商品ブランドではなく企業全体のブランドを統合的に管理しなければならない，など自社の強みと弱みを見事に分析し，ブランド戦略を構築したことによって飛躍的にブランド力を高めることができたと考えられる．

第七に，選択と集中である．多くの製品カテゴリーの中でも，液晶テレビに集中してコミュニケーション予算を投下することによって，「AQUOS」のブランドを作り，そのブランド拡張，またはブランド力を波及させることによって，シャープのコーポレート・ブランド・イメージを向上させることができたと考える．さらに，媒体予算もすべての媒体に予算を配分することなく，テレビに集中させた．インターネット広告は，ほとんどやっていない．また，オンエアなども時期を集中させた．これらの戦略によって，費用対効果を最大化させることができた．

第八に，「2005年までにすべてのテレビを液晶テレビに置き換える」という明確なブランド目標が，現在のシャープのイメージを作り出したといえる．つまり，誰が聞いても分かりやすく，シャープの経営方針に提示されたこの目標があったからこそ，会社の全部門がひとつになって，同一目標に向かうことができた．簡潔かつ明確な目標の重要性が明らかになったといえる．

第九に，すり合わせを中心とした広告づくりである．シャープの広告づくりは，日本製品のモノづくりと同様に，すり合わせを大切にしている．広告会社と一体化して広告制作を実行している．広告会社に企画から制作プロセスのすべてを委ねることはなく，企画からオンエアされるまでのプロセスを一緒に作り上げていくというすり合わせのプロセスを必ずたどるという．また，コンペは新しい製品，製品のイメージを変えたい時のみ行うという．その理由は，長期的な観点からブランドを構築するためである．

3-6. 媒体計画と今後の課題

「AQUOS」の広告キャンペーンの媒体計画は，土曜日・日曜日のオンエアを多くしている．ターゲット層は，現在は成人男女をすべて対象としているが，特にリビングにあるテレビを想定して，ファミリー層を中心的なターゲットに土日に多くのCMを入れている．さらに，正月やお盆などのように家族が集まる時期にも集中的にオンエアされている．年間の時期としては，液晶テレビが比較的高価格の商品であるために，6～7月のボーナス商戦と11月～12月の年末商戦の時期に，多くの広告を投入している．また，できる限り間を空けず断続的にCMを投入している．

2005年から2008年までのCMの秒数に関しては，30秒が主体であった．CM総合研究所のデータによると，各年度別にCMの15秒と30秒のの放送回数を見ると，2005年には15秒が458回，30秒が1451回，2006年には15秒が696回，30秒が1611回，2007年には15秒が1247回，30秒が1104回，2008年には15秒が702回，30秒が1324回である．15秒では伝わらない内容が多かったので，このように製品特徴とブランド・イメージなどを考えて30秒CMを多く編成した．

2009年度の広告費の構成は，基本はテレビ（約8割）であり，テレビスポットが始まる週末に新聞広告（2割程度）を入れている．併せて交通広告などを投下し，雑誌広告は，『家庭画報』などを中心に，ビジュアル的な広告を展開し，「AQUOS」のブランド・イメージの浸透を図っている．

しかしながらシャープは，国内の液晶テレビではトップ・ブランドとしての地位を獲得したものの，世界経済危機や円高，液晶部門への投資の失敗，グローバル競争などに巻き込まれて，苦境に立たされた．その結果，2016年には，台湾に本社がある「FOXCONN（鴻海精密工業）」という電化製品の受託生産を行う外資系企業に買収された．

4．エステー「消臭力」「消臭プラグ」（ミゲルなど）

「人物の起用と活用方法は広告予算に関係があるのか」に対する，明快な回答を提示するのがエステー㈱（以下，エステー）である．エステーのような中堅規模の企業の広告予算では，競合企業と同様の広告クリエイティブ戦略では絶対に勝てない．そのためエステーでは，巨額の広告予算を投下している競合企業と差別化する必要性から，緻密なクリエイティブ戦略の観点で起用人物を決定しているという．同社では，外国人モデルや自社キャラクター（高田鳥場，ムッシュ熊雄）を登場させて，エステーのアドキャラクター

図表９－４　エステーのキャラクター「ムッシュ熊雄」「高田鳥場」

画像提供：エステー㈱

化に成功している．

エステーは，「消臭プラグ」の殿十一変化シリーズ，「トイレの消臭力」の“Song for Toilet”や東日本大震災時の「ミゲル」編などの，ユニークなキャンペーンを展開している．同社は，家庭用消臭剤（消臭剤というカテゴリーは，海外ではあまり存在しない日本的な製品である．海外では芳香剤が一般的である），防虫剤，除湿剤などのトップメーカーである．とはいえ，同社の広告予算は年間約26億円（2016年度の売上高約460億円）であり，広告費としては日本企業の中で230位前後，ライバル企業の広告費には到底及ばない．さらに，競合企業は日本企業だけではなく，世界的に見ても多くの広告予算を組んでいるP&GやJohnson & Johnsonなどのようなグローバル・ブランドも存在する．

日経広告研究所の『有力企業の広告宣伝費2017年版』をみると，同社の広告宣伝費／売上高の割合は6.11％（単独決算）であり，競合他社（小林製薬は同13.47％）よりも広告宣伝費の支出をかなり抑えていることが分かる．このような厳しい競争環境（企業規模と広告予算面）にもかかわらず，エステーの広告キャンペーンは若い世代を中心に，ブログやツイッターなどによく取り上げられている．

さらに，2000年代半ばからはCM総合研究所のCM好感度調査でも上位にランクされることが多くなり，「CM－Branding評価トップ企業50社」（CM総合研究所）の第33位（2007年），45位（2009年），９位（2011年），30

位（2014年）に認定された．「消臭力」は，「ブランドオブザイヤー（Brand of the year)」を７年連続受賞している．また2016年の「日経企業イメージ調査」では，「よい広告活動をしている」の項目で22位（一般個人），23位（ビジネスパーソン）にランクインしている．これらのように同社は低額の広告予算で，CM を中心としたマス広告効果を最大に享受しているといえるだろう．

本節では，その背景について，独自のアドキャラクター化に導いた2007～2012年当時の広告キャンペーンから考察する．そして，有名タレントを起用しない，「エステー」独自のクリエイティブ力に注目していきたい．

4-1．消臭プラグ CM「殿十一変化」シリーズ（2007年10月15日～2008年３月31日）

2007年度当時の，消臭芳香剤市場におけるエステーのシェアは33.4％で，業界２位であった．同社は，「消臭プラグ」を消臭剤製品カテゴリーの主力製品として位置付けていた．消臭プラグ本体セット（消臭プラグ本体セットは，電気式の本体と詰め替え用の消臭剤がセットになっている．消費者は最初は本体セットを購入し（新規顧客獲得），２回目以降は詰め替え用を買うようになる（ロイヤルティがある顧客）．したがって，消臭プラグ本体セットの販売数を増やすことは，消臭プラグ製品の持続的な販売増加につながる．この本体セットの販売を２倍にすることを目標に，「殿十一変化」シリーズの CM を制作した．CM のターゲットは，マーケティング目標に合わせて，Ｆ１層（20歳から34歳までの女性）とした．放送は，Ｆ１層の視聴率が高い月曜日９時にしたという．

「殿十一変化」シリーズは，ちょんまげ姿の殿様が，サラリーマン，球児，ダンスの先生，店長，サーファー，カラオケボックス店長，おまわりさん，俳優，ストリート・ミュージシャン，高校生に変身して，消臭プラグの普及活動をする内容である．これらの配役によって，殿様の姿は毎回変わっているが，殿様の「ちょんまげ」と「消臭プラグの効果」は変わらない．球児編，サーファー編，おまわりさん編，ストリート・ミュージシャン編では，オリジナル曲を制作した．

このCMは，2007年10月15日から始まったフジテレビ系列の月９ドラマ「ガリレオ」の枠内でも，全11話が週替わりで１話ずつオンエアされた．また，この11話を15秒にまとめた「総集編」を制作し，スポット展開も行っている．このように，何度も同じ内容のCMを放送するのではなく，毎回違う内容にするのは，広告業界の常識（フリクエンシー）に反することでもあった．

こういった手法を用いた理由について，同社の鹿毛康司氏は織田信長の桶狭間の戦いに例えている．つまり，莫大な広告宣伝費を使っている競合他社と同じ手法でCMを作っていては，その効果は期待できず競争に勝てない．そして，もっぱら製品の機能性だけをタレントの説明によって強調するCMが多い，日本の広告クリエイティブの問題を指摘した．

インタビューの中で鹿毛氏が指摘した日本の「タレントCMの問題」は，梶（2001，2006）の指摘と一致する部分が多かった．梶（2001）は，日本のCMのほとんどが有名タレントに依存していると指摘し，「有名タレント依存症」に陥っていることを懸念している．

日本の広告が有名タレントに依存することによって，CMの主役が商品ではなくタレントになってしまい，特に大物タレントを起用したCMでは，商品にかかわる情報が必要以上に二の次になる傾向があるという．さらに，有名タレントの中には自分のイメージが固定してしまうことを恐れて，同一スポンサーと長期契約することを好まない場合もあるという．

日本の広告がタレントに依存している理由について，梶（2001）は次のように述べている．第一に，日本人の無類の有名タレント好きがある．第二に，「商品に差はない．だから広告で差をつけよう」という前提に立つ時，CMの中で商品のうえに「タレントというレッテル」をペタンと貼り付けるのは，一番手軽で手っ取り早い方法である．第三に，有名タレントの出るCMは，友達や家族の間で話題になりやすい．第四に，有名タレントの起用は，その会社の製品を消費者に届ける流通チャネルに対して，大きな影響力を発揮する．第五に，タレントは，広告主の社内各部門の意見をまとめやすくする．

「殿十一変化」シリーズは，殿様の姿をさまざまに変えることで，「消臭プラグの効果」を最大限に表現することにしたという．つまり，出演者による「消臭プラグの効果」の説明を最小限にする代わりに，CMをみた消費者が優れた「消臭プラグの効果」を連想できるように制作したという．

例えば高校生編では，青春ドラマの中で高校生に変身した殿様が，少女と向き合いながらせつなくも，「卒業しても変わらないのは消臭プラグの効果」という一言で，持続的な効果を視聴者に訴えている．またサーファー編でも，恋愛ドラマの中で殿様は恋人と夏の終わりをしみじみと振り返り，「夏は終わったが消臭プラグの効果は終わらない」という一言で，「消臭プラグの効果」を表している．店長編では，営業が終わったお店で「消臭プラグ」の安全性を店員らに語っている．カラオケボックス店長編では，「消臭プラグ」の経済性を訴求している．

このCMは，「単純に広告主がオリエンテーション（依頼・発注）を行い，それを受けて広告会社が提案し，企画採用に至る」といった，一般的手法はとられなかったという．例えば，メッセージでさえ，外部クリエイティブ・チームと一緒に消費者への深層インタビューを行い，独自に分析し，それによって得た結果を表現に反映している．インタビューでは，消臭プラグが電気式消臭剤であることから，消費者が抱いている不安要因（例：電気代，安全性，持続性など）を察知することができたという．

このような消費者が抱いている不安要因を，有名タレントの説明による解消という一般的な手法から脱脚し，クリエイティブの中で解消することを心がけたと，鹿毛氏は語っていた．

CM総合研究所によると，2007年12月調査では生活雑貨業類で，これらの「殿十一変化」シリーズのCMがベスト10に4つもランクインしている．女性層を中心に幅広い消費者から好感をもたれたという．この結果，2007年度のCM放送1回当たりのCM到達度は，生活雑貨部門で資生堂のシャンプーTSUBAKIに続いて2位と，効率の良い広告展開となった．さらに，CM放送後，本体セットの販売個数は目標どおり2倍になり，消臭プラグ商品全体の売上も1.5倍にも上った．これは何よりもCMの効果ではないかという．

4-2. ソーシャル・メディアを活用したキャンペーン

エステーの広告キャンペーンは，若い世代を中心にツイッターなどで絶えず話題になっている（2011年の「消臭力・ミゲル」編は，YouTube，ニコニコ動画などで数10万件の再生があった）．

エステーのCMは，2011年3月の東日本大震災後，最も反響を呼んだ広告キャペーンの1つでもある（CM総合研究所「2011年8月CM好感度ランキング」で総合1位）．CMの舞台は，かつて大津波が襲ったポルトガルのリスボンである．リスボンは1755年に大地震と津波に見舞われ，6万人以上が亡くなったという．現地の少年ら（ミゲルなど）が朗らかに「ラ～ラ～」と歌い，最後に「消臭力」というブランド名を告知する．このCMは商品広告にもかかわらず，震災復興応援CMと受け止められた（『日本経済新聞』2011年5月28日付朝刊）．

2011年7月25日から全国でオンエアされた「ミゲル」と「T.M.Revolutionの西川貴教」との「夢の共演」編は，東日本大震災後に制作されたこのCMで話題となった「ミゲル」が，人気アーティストT.M.Revolutionのライブステージに飛び入り参加するスペシャルコラボで，「夢の共演」をするという内容である．西川のアイディアで，ライブ当日，西川自身がステージ上からツイッターで新CMを報告すると，すぐさまファンを中心にツイートと

図表9－5　ミゲルの「消臭力」CM

画像提供：エステー㈱

なって拡散し，結果的にこれがCM情報解禁となった[1)]．

これは，西川がライブで「ラーラーラララ♪消～臭～力――♪」と，CMソングを歌っていることを，【@onetwopanchi こんばんわ．歌手の西川貴教さん（@TMR15）がツイッターで貴社製品の消臭力を紹介されていたのでフォローさせていただきました．】とファンがつぶやいたことから始まった．西川が歌ってくれているということに感激した当時の宣伝部長の鹿毛氏が，西川にツイートを飛ばしたところ，「え！　CMの依頼ならいつでも待ってます！」と即答があり，「ミゲル」と「T.M.Revolutionの西川貴教」との「夢の共演」編が実現したという．

現在エステーの執行役兼エグゼクティブ・クリエイティブ・ディレクターである鹿毛氏は，最初のリスボンでのCMについて，「ACジャパンの広告だけではなく，ほとんどの企業が大上段に『頑張ろう』というのは違和感がある．誰が誰に頑張ってというのか」と，商品広告に徹した理由を説明する．その上で「傷ついた人をニッコリさせる」表現を探った結果，「生活感がある」を基準に無名の現地少年らを起用したという．さらに，撮影時は普段着を着てもらうなど，「身近な人の素朴な応援歌」になるよう細心の注意を払ったという[2)]．

図表9－6　夢の共演

画像提供：エステー㈱

4-3. エステーCMの武器はクリエイティブ力

以上の「殿十一変化」シリーズと“Song for Toilet”でみられるように，他社とは異なる「エステー」だけのクリエイティブ力がある．このようなCMを制作できたのは，競合他社に比べて企業規模と広告予算面で劣るエステーの武器はクリエイティブ力であり，そこにすべてをかけるしかない，という考えに基づいている．

商品の良さを有名タレントの説明だけに頼るCMは，クリエイティブがない．商品の特徴を分かりやすく伝えることも大切であるが，タレントの説明に依存し過ぎるとクリエイティブはなくなる恐れがある．CMの中のすべての要素（例：映像，音楽，タレント，背景，設定など）を駆使して，当該製品および企業に対して好感を持ってもらえるように視聴者の感情を引き出すことができるのが，真のクリエイティブではないだろうか．「そのクリエイティブの中で，商品が売れるように商品の特性および機能などの事実確認が自然にできるようにしなければならないのである」と鹿毛氏は語っている．

このような，エステーが重きを置いたクリエイティブ力の背景には，以下の点がある．

第一に，先代の社長（現会長）によって宣伝部が社長直轄となったことで，「クリエイティブ」を生きたまま視聴者に伝えることができるようになったからであり，企業組織の面が関係しているという．

第二に，クリエイティブの面においては，最も力を入れているのがクリエイティブ・チームの形成と活動であり，このリーダーであるクリエイティブ・ディレクターは鹿毛氏が自ら行い，広告会社，製作会社とフラットな関係でチームを築いている．広告会社との関係におけるエステーだけのクリエイティブ・チームの形式は，エステー宣伝部の大きな特徴である．

第三に，クリエイティブ・チームから良いアイディアが出るような環境を作るのがチーム・リーダーの役割であると，鹿毛氏は語る．このような状況下だからこそ，当時までの業界の常識であった「くさいから消臭」という従来の問題解決型の消臭剤CMから脱皮して，「ゼロからプラス」，つまりCMにおける楽しさの中で消臭剤の機能性を取り入れることができた．そし

図表9－7　エステーの広告戦略と広告力

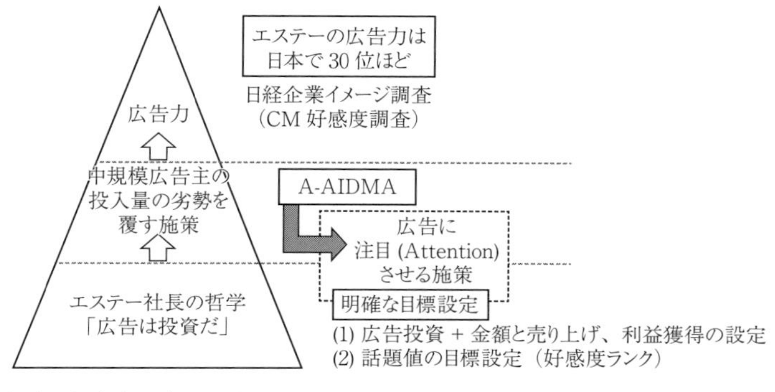

出所：鹿毛（2010）338頁

て，生活の中でネガティブな位置付けのトイレを，CMの中でプラスに再認識させることができたという．

第四に，エステーでは，CM撮影現場などの未公開映像を社内放送によって情報共有している．さらに，CM好感度ランキング，独自のCM効果調査などの客観的な調査データを，宣伝部が中心になって関係部署を中心に共有し，社内調整も常に行っている．これらにより，宣伝部の役割を社内の利害関係者が自然に理解するようになると同時に，企業ブランドおよび個別ブランドに対する従業員，卸業者などのエステーのブランド・アイデンティティを確立することにもつながると思われる．

近年，多くの広告主のあいだではCMが効かなくなったという声が高まっている．「マス広告衰退」という意見がある時代にもかかわらず，少ない広告予算でテレビCMにしているエステーの広告キャンペーンから，我々は「マス広告の力」を再度検討する必要性を感じるだろう．

鹿毛氏によると，セレブリティを起用することによる効果は認めるが，広告予算が少ない企業は，セレブリティ起用を慎重に考えるべきだという．セレブリティを起用するかどうかは，あくまでクリエイティブ戦略によって決めることであり，セレブリティの起用がヒット・キャンペーンを保証するわけではない．広告予算が限られた企業にとっては，よりクリエイティブ力を発揮しないと，企業およびブランドのメッセージが永遠に消費者に届かない，と広告予算規模とセレブリティ起用の関係をコミュニケーション戦略の面から指摘している．

5．まとめ

以上の３社の事例を考察すると以下のようになる．

サントリー「BOSS」に起用されたトミー・リー・ジョーンズも，地球調査をする「宇宙人ジョーンズ」シリーズでの常に新たなシチュエーションにおける宇宙人「ジョーンズ」の役割によって，「働く人の相棒」というブランド・イメージを確立することができた．彼の映画スターというイメージよりも「BOSS」の「ジョーンズ」というイメージが，日本の消費者に植えつけられている．

さらに，やや視聴者の意表をつくようなポイントを刺激するクリエイティブによって，消費者のブランド連想の幅と深さを広げている．「宇宙人ジョーンズ」というシリーズ広告キャンペーンを最大限に生かすことによって，訴えたい箇所を少しずつずらしながら消費者を刺激し共感させ，話題性を持たせることができた．その結果，「BOSS」に対する消費者のブランド連想を強く，好ましく，ユニークなものに結びつけることができたと考えられる．

シャープ「AQUOS」の吉永小百合は，日本的で気品のあるイメージを液晶テレビの最高峰である「AQUOS」のブランド・イメージに移転させることに成功したことによって，10年という短い間に家電業界の下位ブランドから日本の液晶テレビのトップというブランド力構築に成功した．さらにブランド・コミュニケーションの観点からも，吉永小百合が持っている日本的イメージが，シャープの液晶テレビの原産国は日本であるという，消費者のブランド連想を移転または強化することが確認できた．つまり，シャープの液晶テレビ・キャンペーンへの起用によって，吉永小百合の文化的意味である日本的イメージは，当該ブランドの連想に移転され，シャープのブランド・エクイティを高めたと評価できる．

エステー「消臭力」では，低予算という要因からミゲルなどの非セレブリティを起用して成功を収めている．エステーのように広告予算が少ない企業が競合他社と同様にセレブリティを自社広告キャンペーンに起用したら，GRP・認知度・広告効果など，どれも大きな広告予算を持っている競合企業の相手にはならないという．したがって，エステーの宣伝部では，クリエイティブ戦略に戦力を集中した結果，競合他社に比べて遥かに少ない広告予算で，強く，好ましく，そしてユニークな「消臭力」のブランドが構築できたという．こうした観点からクリエイティブを再考すべきであることが確認できた．

一方クリエイティブの本質は，起用される側の知名度ではなく，受け手である消費者がどのように広告メッセージを受け止めるかでもある．2011年3月の東日本大震災後のエステーのコミュニケーション活動からも確認できたように，常に生活者の観点からクリエイティブを見直すべきであろう．キャンペーンにおけるセレブリティ起用は，セレブリティにすべてを委ねるクリエイティブになる恐れがある．したがって，クリエイティブ戦略の観点からセレブリティの起用を決定しなければならないと考えられる．

以上の3社の広告キャンペーンの共通点としては，有名タレントの起用かどうかではなく，そのクリエイティブによって，消費者のキャンペーン対象ブランドに対する連想を強く，好ましく，そしてユニークにしたことである．ブランド・エクイティを構築するうえで重要なことは，強く，好ましく，そしてユニークな連想である（Keller, 1998）．つまり，サントリー「BOSS」といえば「働く人の相棒」，シャープ「AQUOS」といえば「液晶テレビの最高峰ブランド」，エステー「消臭力」といえば「ほっこりした笑い」が連想される．このような当該ブランドに対する強く，好ましく，そしてユニークな連想は，自然に形成されたのではない．3社のさまざまなクリエイティブ戦略の結果であると考えられる．起用した人物とブランドが，当該キャンペーンのクリエイティブの中で相乗効果を発揮することによって生まれた結果であると評価できる．広告クリエイティブによって付与された当該ブランドの文化的意味（サントリー＝働く人の相棒，シャープ＝日本製・最高峰，エステー＝ほっこりした笑い）が，消費者のブランド・イメージに移転または強化したと考えられる．3社の成功要因には，この文化的意味の

図表9－8　成功した広告キャンペーンにおける起用人物の役割

事例	起用人物	文化的意味	クリエイティブ
サントリー「BOSS」	トミー・リー・ジョーンズ	働く人の相棒	・役者，大工，現場作業員，ラーメン屋台の親父，刑事，花婿，教師などへの変身
シャープ「AQUOS」	吉永小百合	日本製・最高峰	・ナレーション（世界で初めて，時間を止めて見せたのは「北斎」の筆でした）
エステー「消臭力」	ミゲル	ほっこりした笑い	・歌（ラ～ラ～ラララ♪消～臭～力―♪）

出所：朴（2011）

伝達プロセスに，トミー・リー・ジョーンズ，吉永小百合，ミゲルが見事に媒介的な役割を演じたとも考えられる．

3社の文化的意味は，当該企業のコミュニケーションの目的にも値する起用人物によって，ブランド・イメージとして消費者のブランド知識に反映できたといえる．その内容をまとめたのが図表9－8である．

〈注〉

1）西川貴教は2017年10月9日現在，ツイッターのフォロワー数が143万2665となる，国内アーティストの中でもソーシャル・メディア上で最も影響力のあるセレブリティの1人である（me you, 2017）．

2）「“みんな”の力で作ったCM～Takanori. Miguel. Revolution～『消臭力』の新CM“夢の共演”篇を制作　2011年7月25日（月）から順次全国でオンエア開始」（http://www.st-c.co.jp/release/2011/20110722_000311.html：最終アクセス2017年10月31日）

戦略的セレブリティ・コミュニケーションの必要性

1．はじめに

本書はセレブリティ・コミュニケーションに関連する研究成果を体系的にまとめると同時にその効果と実態を概観し，セレブリティ・コミュニケーションの効果やリスクを多次元的にまとめ，戦略的なセレブリティ・コミュニケーションの必要性を提示した．

我が国のセレブリティを用いた広告は江戸時代にまで遡ることができるが，セレブリティへの関心の高まりはマス・メディアの発展プロセスと表裏一体の関係である．一方，情報の氾濫によって送り手が送った情報が弁別できなくなっていることや誰でも情報を発信できるようになっていることなど，デジタル化やソーシャル化は，セレブリティ・コミュニケーションの可能性をさらに高めている．

伝統的なマス・マーケティングは，マス・メディアに頼って成長してきた結果，人間よりはメディアに偏ったマス広告やプロモーションを生み出した．一方，インスタグラムやツイッターなどのソーシャル・メディアにみられるように，今日のマーケティングの中心はもはやメディアではなくなっている．しかし，メディアのデジタル化によってすべてのメディアがデジタル化されても，あらゆるマーケティング・コミュニケーションの中心には我々人間がいることを忘れてはならない．また，テレビや新聞などの既存メディアから，インターネットを基盤とするデジタル・メディアへの過渡期にある現代に求められている戦略は，デジタル・メディアに多くを頼ることではない．既存メディアとデジタル・メディアを有機的に融合する戦略が必要であろう．人間を中心とするコミュニケーションは，テクノロジー，コミュニケーション手段，メディアの変化にもかかわらず，その重要性は変わらない．本書では，その具体的な施策の１つとしてセレブリティ・コミュニケーション戦略を提示した[1)]．さらに，マーケティング戦略におけるセレブリティ・コミュニケーションは「意味」[2)]の創造活動であることから，マーケティング・コミュニケーションの中核的な戦略であると考えられる．

2．セレブリティ・コミュニケーション戦略の効果とリスク

本書の各章において述べてきた内容を，以下のように振り返っておく．

序章ではまず，セレブリティ・コミュニケーション戦略の定義とセレブリティ・コミュニケーション戦略の必要性を提示した．セレブリティ・コミュニケーション戦略とは，「世間に名が知られている，芸能人・スポーツ選手・専門家などのタレント，キャラクター，動物などのセレブリティを用いたマーケティング・コミュニケーション戦略」である．さらに，既存のセレブリティだけではなく，ソーシャル・メディア時代のセレブリティであるマイクロ・セレブも見逃せない．本書では，有名になろうとする無名タレントを起用したものや，ナレーションだけにタレントを起用したもの，一般人なども研究対象としている．

セレブリティ・コミュニケーションの効果としては，消費者の注意を引きつけ，商品やブランドの認知度やブランド・エクイティを高められること，また，セレブリティを媒介し受け手との関係性を発展させて顧客エンゲージメントを高め，売上の向上だけではなく，当該ブランドをソーシャル上に拡散させる効果も期待できる．

デジタル・メディア環境下におけるセレブリティ・コミュニケーション戦略の必要性は，①オピニオンリーダーとしての「セレブリティ」の可能性，②ヒューマン・コミュニケーショの重要性，③社会的ネットワークの起点としてのセレブリティ，④受動的な人々の増加，⑤コンテンツ・マーケティン

グの重要性，としてまとめることができる．消費者に愛されている，または愛される見込みがある「セレブリティ」を活用し，コミュニケーション戦略の中核にメディアではなく「セレブリティ」を置くことによって，「セレブリティ」を中心にマーケティング・コミュニケーションを統合することも考えられる．

第1章では，セレブリティ・コミュニケーショ戦略の方向性を提示するため，デジタル時代のマーケティング・コミュニケーショの課題とその戦略的方向性について論じた．マーケティング・コミュニケーションの本質とその起源を考察してみると，1953年のアメリカ・マーケティング協会の会長演説でボーデンによって初めて提唱されたマーケティング・ミックスは，ブランディング，人的販売，広告，プロモーション，パッケージング，ディスプレイなどおよそ半分が現在のマーケティング・コミュニケーションの構成要素となっている．このことは，マス・マーケティングの誕生以前は，マーケティング・コミュニケーションがマーケティングの中心的な存在だったことを裏付ける．

デジタル時代のマーケティング・コミュニケーション戦略には，①コミュニケーションの受け手である消費者を中心としたメディア戦略の必要性，②既存顧客との関係性を意識したカスタマー・エクイティ戦略と，その関係性を管理するコミュニケーション戦略の必要性，③フレキシブルなコミュニケーション組織の必要性，④ヒューマン・コミュニケーションの重要性，⑤従来型のコミュニケーション理論の再検討の必要性，などが挙げられる．上記のように，デジタル時代のこれからのマーケティング・コミュニケーション戦略は，受け手である顧客視点からのメディア戦略がより求められていることが確認された．さらに，デジタル化の中で，逆にデジタル化できないヒューマン・コミュニケーションや顧客体験などの重要性も確認された．したがって，デジタル時代のこれからのマーケティング・コミュニケーション戦略は，消費者目線からの人間を中心としたコミュニケーションが求められている．

第2章と第3章では，セレブリティ・コミュニケーション戦略の理論的背景について考察した．第2章では，情報源モデル理論について検討した．情報源モデル理論によると，コミュニケーションの効果は，その送り手である情報源によって左右される．そのため，受け手である消費者に人気があり，魅力的で，専門性が高く，パワーがあり，信頼できるセレブリティを起用するかどうかによって，そのコミュニケーション効果は左右されることになる．但し，身体的な魅力のある女性を起用することは渡辺直美やブルゾンちえみなどの近年の活躍からみられるように，美の基準は一律ではないことにも注意すべきである．親しみやすさと好感や，ダヴの「リアルビューティー」キャンペーンの成功から確認できるように一般女性の美も魅力の対象となると考えられる．さらに，コミュニケーションにおける情報源はセレブリティだけではなく，ビジュアル的要素や音楽などを含め，受け手が知覚できるすべての要素が送り手要因であり，製品，ブランド，映像，音楽，その他の登場人物，背景なども含まれる．またその効果は，メディアや受け手の属性要因に左右されることも多い．

第３章は，複合モデルであるマッチアップ仮説と意味移転モデルを考察し，ブランド構築におけるセレブリティの役割とブランド・レバレッジ戦略の必要性を論じた．第２章で考察した情報源モデルはセレブリティ・コミュニケーションを説明するために有効な側面もあるが，全体的なセレブリティ・コミュニケーション効果の解明には至らなかったといえよう．この限界を克服するために，1980年代以降からは，複合モデル（マッチアップ仮説と意味移転モデル）が登場することになる．マッチアップ仮説は，セレブリティのイメージと製品ならびにブランドの特性が一致する際に，セレブリティを起用する効果が高まるものである．但し，セレブリティと製品間の一致は効果的である一方，面白くない当たり前のクリエイティブになり，消費者から注目されない恐れもある．誰もが予想できる展開であり，消費者にそれほど関心を持たせないことから，適度な不一致のほうが効果的であるという調査結果もある．

意味移転モデルは，セレブリティの効果を意味の側面から解明し，セレブリティが持っている意味がセレブリティから製品に，そして製品から消費者に移転される３段階のプロセスを提示した．この意味を活用して，ブランド・エクイティを強化する戦略がブランド・レバレッジ戦略であり，ブランド・エクイティを強化できる具体的マーケティング・コミュニケーション戦略である．企業やブランド間の競争が激化することによって，製品，価格，流通，プロモーションなどによるブランド構築は厳しくなっている．そのため，ブランドの二次的連想を借用し，消費者のブランド連想を強く，好ましく，そしてユニークにする必要性がある．セレブリティ・コミュニケーションによって，さまざまなセレブリティの世界から意味を消費者に移転させることができる．広告キャンペーンでは，セレブリティを特定の広告キャンペーンに起用することによって，消費者の脳裏にその関係を結ばせるのも１つの方法である．

第４章では，実在するブランドとセレブリティを調査対象とし，セレブリティ・コミュニケーション効果の有効性を検証した．その結果，セレブリティを起用した広告が，単純な事実提示型広告よりも好ましい広告態度，ブランド態度，購買意図を導くことが明らかになった．さらに，高い認知度を持つ魅力のあるセレブリティであっても，受け手の目線から，より相応しいと高く評価されているセレブリティを起用したほうが，より高い広告態度，ブランド態度，購買意図を導くことも確認された．これらの調査結果から，セレブリティを起用した広告キャンペーンは有効なマーケティング・コミュニケーション手段であることが明らかになった．ブランドの認知度の向上という短期的な広告効果としてではなく，製品または企業のブランド・エクイティ構築という長期的な観点からアプローチしなくてはならないと考えられる．

第５章では，諸外国のセレブリティ・コミュニケーションの実態とセレブリティを起用する際の評価基準を論じた．日本の広告は，セレブリティを起用する割合が世界で最も高い水準であり，集団主義文化における広告形態の特徴として位置付けられている．アメリカやイギリスのような個人主義文化の場合は，事実が多く求められるのでプロモーション型の広告が多い一方，日本のような集団主義文化では，間接的なクリエイティブが好まれるのでセレブリティを起用した意味移転型の広告が多い．

セレブリティ・コミュニケーション効果を最大化し，マーケティング・コミュニケーションの戦略として発展させていくためには，その起用プロセスを明確にする必要がある．本章では，起用プロセスと起用の評価基準を論じた．国内におけるセレブリティ起用に関する調査や研究成果がほとんどないことから，イギリスや韓国などの調査結果を紹介したうえで，セレブリティ起用の恣意性を排除するためには，セレブリティ起用の評価基準を明確にする必要性を提示し，アメリカの評価基準などについても考察した．

セレブリティ・コミュニケーション戦略は，どのセレブリティを起用するかによって左右される．起用プロセスにおける利害関係者の個人的な嗜好や恣意的要素を排除し，マーケティング・コミュニケーション戦略の観点に基づいた起用が求められている．さらに，単発的なコミュニケーション効果だけではなく，当該ブランドや企業のマーケティング戦略上の観点から長期的な効果も検討すべきであろう．

第6章では，セレブリティ・コミュニケーションのリスク要因について検討した．セレブリティ・コミュニケーションのリスク要因としては，重複出演，オーバーシャドー効果，不祥事，人気低下，不注意，などが挙げられる．これらの中でも，国内における最大リスク要因でもあるセレブティの重複出演について検証した．具体的には人気セレブリティが多数の企業のブランドに重複出演する場合，当該ブランドにどのような影響を及ぼしているのかを実証した．その結果，人気のセレブリティが重複して出演する場合，その効果は，ごく一部の広告キャンペーンに集中していることが明らかになった．この調査結果から，広告およびキャンペーン予算が多くない場合，人気のセレブリティを起用することはクリエイティブ戦略上，注意すべきであることが確認された．さらに，人気セレブリティが重複主演したCMの多くは，人気セレブリティを起用したにもかかわらず，視聴者に再生されない「再生不可」の回答が圧倒的に多かった．セレブリティの人気を過信し，セレブリティを起用することがそのコミュニケーション効果を保証することではないことが裏付けられた．このように，セレブリティの人気がそのまま広告キャンペーンの効果として表れるのではない．セレブリティの人気を利用してキャンペーン効果を向上するためには，当該広告キャンペーンのクリエイティブ上，そのセレブリティの起用に必然性が求められる．セレブリティの人気だけに頼ると，高いギャラを支出したにもかかわらず重複出演の罠に陥ってしまい消費者には何も伝わらない恐れがある．

第7章では，有事や企業の不祥事におけるセレブリティ・コミュニケーションについて考察した．東日本大震災直後のACジャパンによる大量の公共広告は，被災関係者や一般人にどう届いたのかを実証した．世界の広告史の中でも前例のない，東日本大震災時のACジャパンCMの集中投下時の，人気セレブリティを起用したACジャパンCMに対する評価は，全般的に厳しかった．具体的には，セレブリティを多く起用した「頑張ろう」や「日本の力を信じてる」といったような「日本を元気にしたい」というメッセージに人気セレブリティが多く起用された．これらのCMは放送回数が多かったにもかかわらず，調査対象者からのネガティブな反応が目立った．一方，東日本大震災時に最も支持されたのはキャラクターが登場する「あいさつの魔法」であり，注目を集め，活発なクチコミや二次創作が発生するほどだった．これらの調査結果から，セレブリティは出身地や，テレビ・ドラマや映画などの配役イメージなどからさまざまな意味を有しており，アンチ層が必ず存在することなどから有事や企業の不祥事の際には相応しくないことがうかがえた．一方，「あいさつの魔法」のようにキャラクターはアンチ層が少ないことから，有事や不祥事の際には有効である可能性も確認された．

第8章では，キャラクター・コミュニケーションについて考察した．マーケティング・コミュニケーションにおけるキャラクターの起用には，ブランドへの好感度や親しみを高められる効果，キャラクターの信憑性と魅力の効果という情報源モデル効果，キャラクターの意味移転モデル効果，などが期待できる．国内では企業だけではなく，地方自治体などもキャラクターの活用が目立つ．その使用も玩具や文具などの物販からゲーム，LINEのスタンプに至るまで，その活用範囲も活発化されている．ご当地キャラ・ブームを牽引したくまモンやふなっしーのようなご当地キャラの人気も見逃せない．ご当地キャラの原型はアメリカのコスチュームド・マスコットからであるが，日本独自の発展を成し遂げた結果，2011年からのご当地キャラ・ブームを迎えるようになった．その背景には，東日本大震災時の人々の感情的変化だけではなく，ディズニーキャラクターを中心とした人気キャラクターの広告出稿量が激減したことや，ソーシャル・メディアもその一因であると考えられる．ソーシャル・メディア時代の新たなセレブリティであるマイクロ・セレブの影響力についても注目すべきであることを提示した．

第9章では，日本の代表的な広告キャンペーンのセレブリティ・コミュニケーションの事例を紹介した．人気セレブリティを起用した広告キャンペーンとしてはサントリー「BOSS」とシャープの「AQUOS」を，そして当時では非セレブリティを起用したエステーの「消臭力」という3社の成功事例を考察した．3社の広告キャンペーンの共通点としては，起用セレブリティの知名度ではなく，コミュニケーションの受け手である消費者が広告メッセージをどのように受け止めるかどうかを重要視していることである．例えば，サントリー「BOSS」といえば「働く人の相棒」，シャープの「AQUOS」といえば「液晶テレビの最高峰」，エステー「消臭力」といえば「ほっこりした笑い」が連想される．このように当該ブランドに対する強く，好ましく，そしてユニークな連想は，3社のクリエイティブの産物であり，起用された人物とブランドが，当該広告キャンペーンのクリエイティブの中でシナジー効果を発揮した結果であることが確認された．

3．ヒット広告キャンペーンのセレブリティ・コミュニケーション戦略

第9章で紹介した3社をはじめとするヒット広告キャンペーンからの，戦略的インプリケーションをまとめると下記のようになる．

まず，成功した広告キャンペーンは，起用するセレブリティの知名度ではなく，当該ブランド・コミュニケーション戦略におけるクリエイティブ戦略と，密接な関連があると考えられる．つまり，広告キャンペーンの成功は，起用セレブリティの人気度ではなく，クリエイティブとの親和性であることが明らかになった．

今日の広告主の多くは，セレブリティの人気を借用して自社のブランドを構築しようとしがちである．ところが，本書の事例からも確認できたように，セレブリティを起用したサントリーとシャープの場合も，セレブリティの人気だけを借りてブランド・エクイティを構築してきたわけではない．ブランド論の観点からすると，人気セレブリティの起用効果は，ブランド連想

を好ましくすることはできても，強く，好ましく，そしてユニークなブランド連想までには至らない．さらに，第6章で考察したように人気セレブリティを起用する広告主が多いため，同じセレブリティがあまりにも多くの商品およびブランドの広告に出演していることで，特定の商品およびブランドとの結びつきが弱くなってしまうことが見受けられる．

さらに，視聴者がセレブリティだけに注目して広告対象商品には注意を払わない恐れもある．このようなリスクを一般的にはオーバーシャドー効果，またはアメリカではヴァンパイア効果と名付けているが，セレブリティを起用したサントリーとシャープ両社ともこのようなセレブリティ広告の弊害を回避できたことで，キャンペーンの成功につながったと考えられる．

次に，3社の取材から発見できた注目すべき成功要因は，コミュニケーション戦略におけるリーダーシップである．例えば，サントリーで「宇宙人ジョーンズ」の起用とクリエイティブを総括しているクリエイティブ・ディレクター佐々木宏氏，エステーの鈴木喬会長と執行役兼エグゼクティブ・クリエイティブ・ディレクター鹿毛康司氏，2000年当時に吉永小百合の起用を決定したシャープのトップの存在など，そのリーダーシップの重要性が確認できた．マーケティング・コミュニケーション戦略におけるリーダーシップの重要性は，クリエイティブ戦略にも強く関連している．

セレブリティ・コミュニケーションを，クリエイティブの面からも考えるべきだという意見は，日本の広告界でも広がってきた．しかし，キャンペーンの目標・クリエイティブの具体策などの計画段階から，キャンペーンが失敗した場合などの責任問題という最終的なコミュニケーション戦略の決定と責任について，多くの場合明確な意思決定プロセスが存在しない．このように広告キャンペーン全般に対するリーダーシップの存在が明確ではないと，セレブリティの人気に依存したクリエイティブの比重が高くなる傾向は避けられないと考えられる．梶（2001）も，日本においてタレント広告が多いのは，広告主の社内各部門の意見をまとめやすくするからだと指摘している．

一方で，上記の3社の場合は，マーケティング・コミュニケーション戦略からクリエイティブ戦略に至るまで，明確な意思決定プロセスが存在していたのである．

ドミノ・ピザジャパンの執行役員CMO（チーフ・マーケティング・オフィサー）である富永朋信氏へのインタビューによると，コミュニケーション・デザイン策定からその中の各タッチポイントに最適解をもたらすクリエイティブ戦略に至るまで，マーケティング・コミュニケーションは一貫した意図に基づいていなければならないという．そのためには，部門横断的な強いリーダーシップが必須になるという．このように，マーケティング・コミュニケーションにおけるリーダーシップは，注目すべき成功要因の1つであると考えられる．

4．戦略的なセレブリティ・コミュニケーションへ

セレブリティ・コミュニケーション戦略は，クリエイティブ戦略としてだけではなく，マーケティング戦略の中でも重要である．費用対効果の側面だけではなく，当該企業のマーケティングやブランド戦略とセレブリティ・コミュニケーション戦略に整合性があるかどうかを慎重に検討すべきである．特に，日本のクリエイティブにおけるセレブリティの起用は，「説得力」よりも，彼らが持っている「イメージの世界」，「雰囲気」に感情移入させる力の効果を目的としていることから，広告タレントは，いわば非言語コミュニケーション（non verbal communication）の核そのものといえる（梶，1975）．また，セレブリティの起用は，プロモーション型の欧米とは異なり，セレブリティの証言や説得の効果よりは，ブランディング効果を期待している．そのため，セレブリティのイメージを生かしたセレブリティ・コミュニケーション戦略として成功させるためには，当該企業のマーケティング戦略およびブランド戦略との適合性が重要であり，セレブリティの起用に関する意思決定は何よりも重要なマーケティング・コミュニケーション戦略であるだろう．

本書の内容からの戦略的なセレブリティ・コミュニケーションへのインプリケーションを整理すると以下のとおりである．

第一に，「セレブリティ・コミュニケーション」戦略として発展していくためには，セレブリティの起用段階からマーケティング・コミュニケーショ

ン戦略との整合性が必要であり，他のクリエイティブ要素との統合や調和も求められる．セレブリティの起用がマーケティング・コミュニケーション戦略と切り離されていたり，また，他のクリエイティブ要素と統合できない，あるいは調和がとれていなかったりすると，セレブリティ・コミュニケーションの効果を存分に発揮できなくなる恐れがある．

さらに，あるブランドを展開する場合，そのブランドに対するマーケティングの目標が設定されることになる．そのブランドの目標は，当該企業の経営戦略からのミッションに従う必要があり，ブランドのマーケティング・コミュニケーションの戦略は企業の経営戦略に相応しい必要があるだろう．そのため，当該ブランドのセレブリティ・コミュニケーション戦略は，マーケティング・コミュニケーション目標を達成するために展開されるものであるべきである．そうでなければ，セレブリティ・コミュニケーションは，当該企業のブランド戦略や経営戦略の目標とは全く関係なく機能してしまい，マーケティング・コミュニケーションや経営戦略の目標達成はできなくなる恐れがある．したがって，図表終－1のように戦略的なセレブリティ・キャス

図表終－1　戦略的セレブリティ・キャスティング

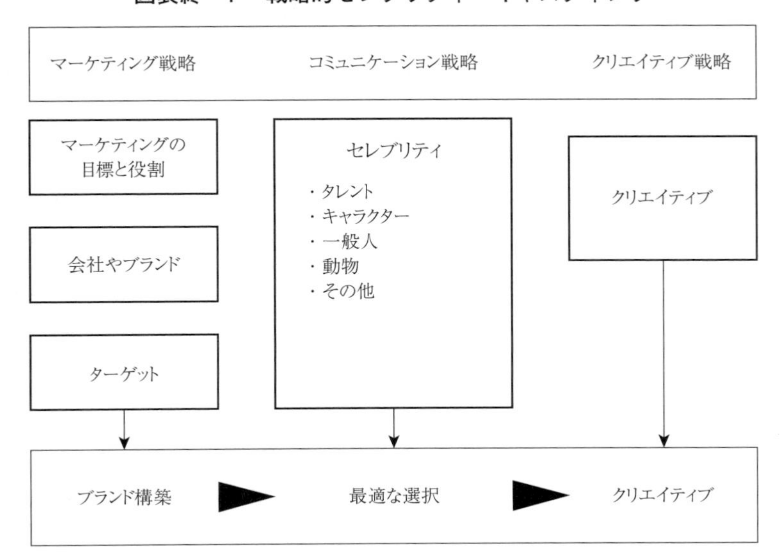

ティングが必要とされている．

第二に，起用するセレブリティには，消費者の注意を引きつけるのに十分な力がないといけないと考えられる．我々の日常生活の中に広告が溢れてしまった結果，広告主がセレブリティを起用する第一の目的は，注目を集めるためのいわばアテンションゲッター的存在としての働きであった．ところが，セレブリティだけでは視聴者の注意を引くには限界があるので，その他のクリエイティブとの調和や，重複出演などの課題を総合的に検討したうえで，キャスティングを決定すべきだと考えられる．

第三に，効果的なセレブリティ・コミュニケーション戦略は，常に「受け手」目線から出発すべきである．セレブリティ・コミュニケーション戦略の究極の目的は，ブランド構築にあることは間違いない．セレブリティによるブランド構築の効果は，ブランドの機能性を強める効果よりも，ブランドのアンバサダー的な存在になりブランドに意味を移転することによって，そのブランドのイメージを補強し，ブランドに対して人間のような情緒を抱かせるようになることである．したがって，マーケターは常にコミュニケーションの受け手の観点から，セレブリティの起用を考える必要性があると考えられる．

第四に，セレブリティ・コミュニケーション戦略は，起用される企業のブランド構築や売上へ貢献しなければならない．例えば，当該ブランド戦略とは関係なく，有名だというだけの人気絶頂のセレブリティを起用すると，その人気の変化によって，当該ブランドの評価が変わる恐れがある．さらに，起用されたセレブリティの不祥事などによるリスクも高くなるだろう．したがって，知名度や人気，またはクリエイティブのためのクリエイティブではなく，起用される企業への明確な貢献度を十分に検討する必要があると考えられる．

第五に，セレブリティのためのクリエイティブではなく，クリエイティブのためのセレブリティであることを忘れてはならない．ソーシャル・メディア時代の中で，話題づくりのためのセレブリティの起用も増えている．ここで注意すべき点は，セレブリティを起用することによって，単発的な話題づくりはできるが，継続的な話題づくり，つまりコンテンツ・マーケティングとしての活用にまで至らない場合が多いのではないかと考えられることである．一時的な話題づくりではなく，長期的なブランド戦略の観点から，セレブリティを活用したコンテンツ・マーケティングとして発展できるセレブリティ・コミュニケーション戦略を構築すべきであろう．

メディアのデジタル化とソーシャル化が進むこの時代において，重要で効果的なマーケティング・コミュニケーションである「セレブリティ・コミュニケーション」を，その効果・リスク要因をふまえたうえで体系的にマネジメントし，戦略的に活用していくことが，これからの企業のマーケティング・コミュニケーションには求められるのである．

〈注〉

1）筆者は，これまでのメディアを中心としたプロモーション戦略に対し，人間を中心としたマーケティング・コミュニケーションを「ヒューマン・コミュニケーション」とする．

2）武井（2015）によると，マーケティング活動の使命は，「意味」に気付き，それらを個別に尊重すること，また意味の多様性と豊かな発展に重きを置いた働きかけを図ること，さらには意味解釈の基盤となる消費者の生活世界の充実に長期的視点から資することであるという．

あとがき

世界の中でもマーケティング・コミュニケーションにセレブリティを起用する割合が高いにもかかわらず，我が国におけるマーケティングおよび広告関連の研究では，セレブリティに関連する研究はあまり注目されてこなかった．その要因としては，マーケティング研究の偏りだけではなく，クリエイティブの領域に関する議論を学術的に展開することは相応しくないという抵抗感も根底にあったのであろう．さらに，従来型のマス・メディアを中心に発展してきたこれまでの広告やコミュニケーション研究の領域では，メディアのデジタル化とICTの急速な発展によって，その環境が激変している．そのため，マス・メディアを軸としたこれまでの理論や研究方法では，メディアのデジタル化とソーシャル化に対応できなくなる恐れがある．さらに，実務では研究者の研究成果に対し「経験的妥当性」の欠如を，一方で研究者は実務家による研究成果に対し「論理的整合性」の乏しさを，互いに指摘し合うことも見受けられる．このままでは，広告やコミュニケーションの研究は実務とは切り離されてしまう恐れがあるようにもみえる．

一方，あらゆる実務的な興味・関心を研究テーマとして積極的に取り入れ，研究の斬新さが高く評価されているアメリカとイギリスでは，セレブリティに関する研究は，広告やコミュニケーション研究の中では主要な研究テーマの１つとして位置付けられ，豊富な研究成果が蓄積されている．このような状況を目のあたりにして，筆者も若手のマーケティング研究者の１人として，既存の理論の体系化と，実務へのインプリケーションを提示できるような，マーケティング・コミュニケーションの書籍を企画するようになった．

その中で，セレブリティ・コミュニケーション研究の体系化を目指したのは，その研究内容の意義や面白さだけではない．マーケティング・コミュニケーションにおける「人」の力に注目するようになったからである．テレビ・新聞・雑誌・ラジオという，戦後のマス・メディアによって進展してきた広告やコミュニケーション研究は，メディアのデジタル化とソーシャル化によって，「メディア」から「人」へのパラダイムの転換が求められている．社会科学は自然科学とは異なり，人間にかかわる学問であることからすると，「メディア」から「人」への回帰は本来の姿を取り戻しているのかもしれない．

企業のブランド構築の側面からしても，ブランド間の競争の中で勝ち続けるためには「人」が一番大事であると考えられる．例えば，受け手に自社のブランドを「もの」ではなく「人」として認識してもらい，当該ブランドに対する愛着を形成してもらうことを企業は目指している．さらに，企業と顧客間の関係性でも，「人」と「人」とのつながりのような情緒的な関係性が注目されるようになっている．情報やメディアのデジタル化の中でも，あらゆるコミュニケーションの中心にはメディアやテクノロジーではなく，「人」が存在するため，「人」から発するメッセージと機械が発するメッセージの受容度は大きく異なると考えられる．したがって，「人」を対象としたマーケティング・コミュニケーション研究としてもまず，「セレブリティ・コミュニケーション」を体系化する必要があると考えた．

本書は，筆者が「マーケティング・コミュニケーション」と「広告」をテーマにして，専門誌，大学紀要，学会誌などに発表した論文などをベースにしたものであり，その主な論文は次のとおりである．第1章は「デジタル時代のマーケティング・コミュニケーション：進化プロセスから考察した課題抽出」『日経広告研究所報』293号（2017年），第4章は「ダイレクトマーケティング・コミュニケーションにおける有名人広告の効果に関する実証研究」『Direct Marketing Review』第8号（2009年），第6章は「ブランド・コミュニケーションにおける有名人の重複出演実態と効果」『日経広告研究所報』274号（2014年），第7章は「東日本大震災と公共広告」『日経広告研究所報』261号（2012年，共著），第8章は「マーケティング・コミュニケーションにおけるキャラクターの活用実態と効果」『日経広告研究所報』268号（2013年，共著），「ご当地キャラの定義・分類と支持要因に関する実証研究」『日経広告研究所報』277号（2015年，共著），が初出である．さらに，「広告コミュニケーションにおける有名人広告の効果と課題」『産業経営』第44号（2009年），「ブランド・コミュニケーションにおける意味移転モデルに関する実証研究」『早稲田大大学商学研究科紀要』第69号（2009年），「クリエイティブ戦略における有名人および非有名人起用の効果」『日経広告研究所報』259号（2011年），なども本書に反映されている．

本書の執筆にあたり，お世話になった方々に御礼申し上げたい．
恩師である早稲田大学名誉教授の亀井昭宏先生からは，広告やマーケティング・コミュニケーションの基本から教えていただいた．学部生に交じって何回も亀井先生の広告論やマーケティング・コミュニケーション論の講義を聴講しているうちに，広告やマーケティング・コミュニケーション研究者としての礎が築かれた．我が国を代表する広告研究者である先生の下で学ばなかったら，本書は生まれなかっただろう．亀井先生に対する感謝の気持ちは，言葉では言い尽くせない．今後も先生の期待に応えられる研究者になるよう精進したい．また，博士論文の指導時から，常に丁寧にそして温かくご指導いただいている早稲田大学武井寿先生と青山学院大学三村優美子先生にも心よりお礼申し上げたい．両先生からの教えによって，マーケティング研究者としてのバランス感覚が鍛えられた．大学院の時からお世話になり，学会などを通じてご指導をいただいている日本広告学会会長の嶋村和恵先生にもお礼申し上げたい．同じく，太田正孝先生，恩藏直人先生，守口剛先生にも感謝申し上げたい．そのほかにもここで全員のお名前をあげることはできないが，早稲田大学商学学術院や学会などでの多くの先生方のご研究とご指導は，本書を執筆する際に多大な力となった．各先生方に改めて感謝を申し上げたい．
実務界の方々にも深く御礼申し上げたい．エステー株式会社，サントリーホールディングス株式会社，シャープ株式会社，株式会社アサツーディ・ケイ，株式会社電通，株式会社博報堂などの関係者の皆様には大変お世話になった．特に，エステー株式会社執行役兼エグゼクティブ・クリエイティブ・ディレクターである鹿毛康司氏に深く感謝したい．2008年度からは，同社のコミュニケーション力によって「消臭力」が国内トップ・ブランドとして成長していくプロセスをクリエイティブ・チームの内部から目のあたりにする機会に恵まれた．同社の鈴木喬会長から中島康治宣伝部長まで，多くの方々に大変お世話になった．皆様に改めて厚くお礼申し上げたい．アサツーディ・ケイの野澤智行氏にも感謝したい．キャラクター研究の専門家としての野澤氏との共同研究の成果は，本書にも反映されている．株式会社東京企画CM総合研究所の代表取締役社長関根心太郎氏と風間恵美子氏からは，常に広告関連の貴重なデータをいただいている．この場を借りて感謝したい．さらに，日頃マーケティング・コミュニケーションの実務について教えていただいている株式会社ドミノ・ピザジャパンの執行役員富永朋信氏など，実務界の方々の暖かいご支援に改めて感謝したい．

また，本書執筆時にご協力いただいたアドミュージアム東京の坂口由之氏，公益社団法人ACジャパンの相田一紀氏，多摩美術大学の佐藤達郎先生，シャープエレクトロニクスマーケティング株式会社の萬正博氏，サントリーホールディングス株式会社の重野謙介氏と三田裕太氏，株式会社電通の酒井豊氏と岩橋應氏，株式会社東映エージエンシーの伊藤拓磨氏，ふなっしーにも感謝申し上げたい．

日経広告研究所と公益財団法人吉田秀雄記念事業財団の関係者の方々にも心より御礼申し上げたい．そして，日頃お世話になっている駒澤大学グローバル・メディア・スタディーズ学部の先生方にも厚く御礼申し上げたい．なお，本書の出版に対しては，平成29年度駒澤大学特別研究助成を受けた．感謝してここに記す．本書の出版を快諾していただいた株式会社白桃書房、ならびに執行役員編集部長平千枝子氏と金子歓子氏にも心より御礼申し上げたい．最後に，常に私の研究生活を支えてくれている妻と娘にも感謝の気持ちを捧げたい．

2017年12月

朴　正洙

参考文献

【文献】

Aaker, D. A. (1991), *Managing Brand Equity: Capitalizing on the Value of a Brand Name*, Free Press (陶山計介・中田善啓・尾崎久仁博・小林哲訳『ブランド・エクイティ戦略—競争優位をつくりだす名前，シンボル，スローガン』ダイヤモンド社，1994).

Agrawal, J. & W. A. Kamakura (1995), "The Economic Worth of Celebrity Endorsers: An Event Study Analysis," *Journal of Marketing*, 59(3), pp. 56–62.

Amos, C., G. Holmes & D. Strutton (2008), "Exploring the Relationship between Celebrity Endorser Effects and Advertising Effectiveness: A Quantitative Synthesis of Effect Size," *International Journal of Advertising* , 27(2), pp. 209–234.

Andrews, J. C. & T. A. Shimp (2017), *Advertising, Promotion, and other aspects of Integrated Marketing Communications,* 10th edition, South-Western College Pub.

Atkin, C. & M. Block (1983), "Effectiveness of Celebrity Endorsers," *Journal of Advertising Research*, 23(1), pp. 57–61.

Baker, M. J. & G. A. Churchill, Jr. (1977), "The Impact of Physically Attractive Models on Advertising Evaluations," *Journal of Marketing Research*, 14(4), pp. 538–555.

Belch, G. E. & M. A. Belch (2014), *Advertising and Promotion: An Integrated Marketing Communications Perspective*, 10th edition, McGraw-Hill.

Berlo, D. K. (1960), *Process of Communication: An Introduction to Theory and Practice*, International Thomson Publishing, Harcourt School (布留武郎・阿久津喜弘訳『コミュニケーション・プロセス：社会行動の基礎理論』協同出版，1972).

Boorstin, D. J. (1962), *The Image: Or, What Happened to the American Dream*, Atheneum (星野郁美・後藤和彦訳『幻影の時代—マスコミが製造する事実』東京創元新社，1964).

Borden, N. H. (1965), "The Concept of the Marketing Mix," In Schwartz, G. (Eds), *Science in Marketing*, pp. 386–397, John Wiley & Sons.

Callcott, M. F. & P. A. Alvey (1991), "Toons Sell ... and Sometimes They Don't: An Advertising Spokes-Character Typology and Exploratory Study," *American Academy of Advertising Conference Proceedings*, pp. 43–52.

Chaffey, D. & F. Ellis-Chadwick (2016), *Digital Marketing: Strategy, Implementation and Practice*, 6th edition, Pearson.

Chao, P., G. Wührer & T. Werani (2005), "Celebrity and Foreign Brand Name as Moderators of Country-of-origin Effects," *International Journal of Advertising*, 24(2), pp. 173–192.

Choi, S. M., W. N. Lee, & H. J. Kim (2005), "Lessons from the Rich and Famous: A Cross-Cultural Comparison of Celebrity Endorsement in Advertising," *Journal of Advertising*, 34(2), pp. 85–98.

Debevec, K. & J. B. Kernan (1984) , "More Evidence on the Effects of a Presenter's Physical Attractiveness: *Some Cognitive, Affective, and Behavioral Consequences*," *Advances in Consumer Research*, pp. 127-132.

Delozier, M. W. (1976), *The Maketing Communication Process*, McGraw-Hill.

Deshpandé, R. & D. M. Stayman (1994), "A Tale of Two Cities: Distinctiveness Theory and Advertising Effectiveness," *Journal of Marketing Research*, 31(1), pp. 57-64.

Erdogan, B. Z. (1999), "Celebrity Endorsement: A Literature Review," *Journal of Marketing Management*, 15, pp. 291-314.

Erdogan, B. Z., M. J. Baker & S. Tagg (2001), "Selecting Celebrity Endorsers: The Practitioner's Perspective," *Journal of Advertising Research*, 41(3), pp. 39-48.

Erdogan, B. Z. & T. Drollinger (2008), "Endorsement Practice: How Agencies Select Spokespeople," *Journal of Advertising Research*, 48(4), pp. 573-582（朴正洙抄訳「イギリスではどのように有名人を広告に起用しているのか」『日経広告研究所報』246号，103-106頁，2009）.

Franzen, G. (1995), *Advertising Effectiveness: Findings from Empirical Research*, NTC Publications（八巻俊雄・嶋村和恵・丸岡吉人『広告効果―データと理論からの再検証』日経広告研究所，1996）.

Freiden, J. B. (1984), "Advertising Spokesperson Effects: An Examination of Endorser Type and Gender on Two Audiences," *Journal of Advertising Research*, 24(5), pp. 33-41.

French, J. R. P. Jr. & B. H. Raven (1959), "The Bass of Social Power." In D. Cartwright (Ed.) *Studies in Social Power,* Institute for Social Research, pp. 151-157, University of Michigan Press（千輪浩監訳『社会的勢力』誠信書房，1962）.

Friedman, H. H. & L. Friedman (1979), "Endorser Effectiveness by Product Type," *Journal of Advertising Research*, 19(5), pp. 63-71.

Friedman, H. H., S. Termini & R. Washington (1976), "The Effectiveness of Advertisements Utilizing Four Types of Endorsers," *Journal of Advertising*, 5(3), pp. 22-24.

Garretson, J. A. & R. W. Niedrich (2004), "Spokes-Characters: Creating Character Trust and Positive Brand Attitude," *Journal of Advertising*, 33(2), pp. 25-36.

Heider, F. (1946), "Attitudes and Cognitive Organization," *The Journal of Psychology*, 21(1), pp. 107-112.

Heiser, R. S., J. J. Sierra & I. M. Torres (2008), "Creativity via Cartoon Spokespeople in Print Ads: Capitalizing on the Distinctiveness Effect," *Journal of Advertising*, 37(4), pp. 75-84.

Hovland, C. I., I. L. Janis & H. H. Kelley (1953), *Communication and Persuasion: Psychological Studies of Opinion Change*, Yale University Press（辻正三・今井省吾訳『コミュニケーションと説得』誠信書房，1960）.

Hovland, C. I. & W. Weiss (1951), "The Influence of Source Credibility on Communication Effectiveness," *Public Opinion Quarterly*, 15(4), pp. 635-650.

Hui, M. K. & L. Zhou (2003), "Country-of-Manufacture Effects for Known Brands," *European Journal of Marketing*, 37(1/2), pp. 133-153.

Jain, V., S. Roy, A. Daswani & M. Sudha (2010), "How Celebrities are Used in Indian

Television Commercials," *The Journal for Decision Makers*, 35(4), pp. 45–52.

Kahle, L. R. & P. M. Homer (1985), "Physical Attractiveness of the Celebrity Endorser: A Social Adaptation Perspective," *Journal of Consumer Research*, 11(4), pp. 954–961.

Kamins, M. A. (1989), "Celebrity and Noncelebrity Advertising in a Two-Sided Context," *Journal of Advertising Research*, 29(3), pp. 34–42.

Kamins, M. A. (1990), "An Investigation into the 'Match-Up' Hypothesis in Celebrity Advertising: When Beauty May be Only Skin Deep," *Journal of Advertising*, 19(1), pp. 4–13.

Kamins, M. A. & K. Gupta (1994), "Congruence between Spokesperson and Product Type: A Matchup Hypothesis Perspective," *Psychology & Marketing*, 11(6), pp. 569–586.

Kaufman, I. & C. Horton (2014), *Digital Marketing: Integrating Strategy and Tactics with Values*, Routledge.

Keller, K. L. (1998), *Strategic Brand Management*, Prentice-Hall（恩藏直人・亀井昭宏訳『戦略的ブランド・マネジメント』東急エージェンシー，2000).

Keller, K. L. (2003), "Brand Synthesis: The Multidimensionality of Brand Knowledge," *Journal of Consumer Research*, 29(4), pp. 595–600.

Keller, K. L. (2008), *Strategic Brand Management*, 3rd edition, Peason（恩藏直人監訳『戦略的ブランド・マネジメント（第3版)』東急エージェンシー，2010).

Kelman, H. C. (1961), "Processes of Opinion Change," *The Public Opinion Quarterly*, 25(1), pp. 57–78.

Kotler, P., H. Kartajaya & I. Setiawan (2016), *Marketing 4.0: Moving from Traditional to Digital*, Wiley.

Kotler, P. & K. L. Keller (2006), *Marketing Management*, 12th edition, Prentice Hall（恩藏直人監修・月谷真紀訳『コトラー＆ケラーのマーケティング・マネジメント（第12版)』ピアソン，2008).

Langmeyer, L. & M. Walker (1991), "A First Step to Identify the Meaning in Celebrity Endorsers," *Advances in Consumer Research*, 18(1), pp. 364–371.

Lee, J. G. (2012), *Celebrity Advertising: Theory and Practice*, Hankyungsa.

Lee, J. G. & E. Thorson (2008), "The Impact of Celebrity-Product Incongruence on the Effectiveness of Product Endorsement," *Journal of Advertising Research*, 48(3), pp. 433–449（朴正洙抄訳「有名人広告における有名人と製品イメージの適度な不一致がもたらす効果」『日経広告研究所報』242号，44–47頁，2008).

Louie, T. A., R. L. Kulik & R. Jacobson (2001), "When Bad Things Happen to the Endorsers of Good Products," *Marketing Letters*, 12(1), pp. 13–23.

Lynch, J. & D. Schuler (1994), "The Matchup Effect of Spokesperson and Product Congruency: A Schema Theory Interpretation," *Psychology & Marketing*, 11(5), pp. 417–445.

Mandler, G. (1982), "The Structure of Value: Accounting for Taste," In M. S. Clark & S. T. Fiske (Eds.), *Affect and Cognition: The Seventeenth Annual Carnegie Sympo-*

sium on Cognition, pp. 3-37, Lawrence Erlbaum Associates.

McCracken, G. (1989), "Who Is the Celebrity Endorser? Cultural Foundations of the Endorsement Process," *Journal of Consumer Research*, 16(3), pp. 310-321.

McGuire, W. J. (1985), "Attitudes and Attitude Change," In G. Lindzey & E. Aronson (Eds.), *Handbook of Social Psychology*, Vol. 2, pp. 233-346, Random House.

Miciak, A. R. & W. L. Shanklin (1994), "Choosing Celebrity Endorsers," *Marketing Management*, 3(3), pp. 51-59.

Mooij, D. M. (2014), *Global Marketing and Advertising.: Understanding Cultural Paradoxes*, 4th edition, Sage（朴正洙監訳『グローバル・マーケティング・コミュニケーション』千倉書房，2016）.

Mourali, M., M. Laroche & F. Pons (2005), "Antecedents of Consumer Relative Preference for Interpersonal Information Sources in Pre-Purchase Search," *Journal of Consumer Behavior*, 4(5), pp. 307-318.

Ohanian, R. (1990), "Construction and Validation of a Scale to Measure Celebrity Endorsers' Perceived Expertise, Trustworthiness, and Attractiveness," *Journal of Advertising*, 19(3), pp. 39-52.

Ohanian, R. (1991), "The Impact of Celebrity Spokespersons' Perceived Image on Consumers' Intention to Purchase," *Journal of Advertising Research*, 31(1), pp. 46-54.

Petty, R. E., J. T. Cacioppo, & R. Goldman (1981), "Personal Involvement as a Determinant of Argument-Based Persuasion," *Joumal of Personality and Social Psychology*, 41, November, pp. 847-855.

Petty, R. E., J. T. Cacioppo & D. Schumann (1983), "Central and Peripheral Routes to Advertising Effectiveness: The Moderating Role of Involvement," *Journal of Consumer Research*, 10(2), pp. 135-146.

Phillips, B. J. (1996), "Defining Trade Characters and Their Role in American Popular Culture," *Journal of Popular Culture*, 29(4), pp. 143-158.

Pornpitakpan, C. (2003), "Validation of the Celebrity Endorsers' Credibility Scale: Evidence From Asians," *Journal of Marketing Management*, 19(1-2), pp. 179-195.

Rogers, E. M. (1986), *Communication Technology: The New Media in Society*, The Free Press（安田寿明訳『コミュニケーションの科学―マルチメディア社会の基礎理論』共立出版，1992）.

Rossiter, J. R. & S. Bellman (2005), *Marketing Communications: Theory and Application*, Pearson（岸志津江監訳『戦略的マーケティング・コミュニケーション』東急エージェンシー，2009）.

Rossiter, J. R. & L. Percy (1997), *Advertising Communications & Promotion Management*, McGraw-Hill（青木幸弘・岸志津江・亀井昭宏監訳『ブランド・コミュニケーションの理論と実際』東急エージェンシー，2000）.

Schultz, D. E. (2003), "Evolving Marketing and Marketing Communication into the Twenty-First Centry", In D. Iacobucci & B. Calder (Eds.), *Kellogg on Integrated Marketing*, John Wiley & Sons（小林保彦・広瀬哲治監訳『統合マーケティング戦略

論』ダイヤモンド社，2003).

Schultz. D. E., S. I. Tannenbaum & R. F. Lauterborn (1993), *The New Marketing Paradigm*, NTC Business Books.

Shannon, C. E. & W. Weaver (1967), *The Mathematical Theory of Communication*, The University of Illionis Press（長谷川淳・井上光羊訳『コミュニケーションの数学的理論―情報理論の基礎』明治図書出版，1969).

Shimp, T. A. (2007), *Advertising, Promotion and Other Aspects of Integrated Marketing Communication*, 7th edition, Thomson.

Shimp, T. A. (2008), *Advertising, Promotion and Other Aspects of Integrated Marketing Communication*, 8th edition. South-Western College.

Till, B. D. & M. Busler (1998), "Matching Products with Endorsers: Attractiveness versus Expertise," *Journal of Consumer Marketing*, 15(6), pp. 576-586.

Tripp, C., T. D. Jensen & L. Carlson (1994), "The Effects of Multiple Product Endorsements by Celebrities on Consumers' Attitudes and Intentions," *Journal of Consumer Research*, 20(Mar.), pp. 535-547.

Verlegh, P. W. J. & J-B. E. M. Steenkamp (1999), "A Review and Meta-Analysis of Country-of-Origin Research," *Journal of Economic Psychology*, 20(5), pp. 521-546.

青木貞茂（2014）『キャラクター・パワー：ゆるキャラから国家ブランディングまで』NHK 出版新書.

青木幸弘（2000）「ブランド構築におけるキャラクターの役割」青木幸弘・岸志津江・田中洋編『ブランド構築と広告戦略』(345-374頁）日経広告研究所.

秋山学・西本浩三・立石憲彰（2001）「震災時の広告」大石準一・佐々木師二・林英夫・西本浩三・西道実・石橋陽・永野光朗・湖内成一・立石憲彰・秋山学『阪神大震災と広告』吉田秀雄記念事業財団助成研究集.

荒木長照（2008）「キャラクター・マーケティングとデータ分析」津戸正広他編『経済学・経営学・法学へのいざない』(167-193頁）大阪公立大学共同出版会.

今田高俊編（2000）『社会学研究法　リアリティの捉え方』有斐閣アルマ.

岩崎達也（2017）「新たなメディア・コミュニケーションの概念の導出」岩崎達也・小川孔輔編著『メディアの循環「伝えるメカニズム」(法政大学イノベーション・マネジメント研究センター叢書14)』(47-56頁）生産性出版.

岩崎達也・小川孔輔編著（2017）『メディアの循環「伝えるメカニズム」(法政大学イノベーション・マネジメント研究センター叢書14)』生産性出版.

植條則夫（2005）『公共広告の研究』日本経済新聞社.

大石一（2011）「大震災が明らかにした広告の受容態度のズレ」『日経広告研究所報』259号，83頁.

小川孔輔（2009）『マーケティング入門』日本経済新聞出版社.

鹿毛康司（2010）「エステー広告のつくりかた―売りの目標設定と A-AIDMA」日経広告研究所編『基礎から学べる広告の総合講座2011』(337-355頁）日本経済新聞出版社.

梶祐輔（1975）「タレント広告論」近藤礼一・梶祐輔『タレント広告―最大効果はこうしてつくられる』(13-142頁）ダイヤモンド社.

梶祐輔（2001）『広告の迷走』宣伝会議.
梶祐輔（2006）『広告内視鏡』日経広告研究所.
亀井昭宏（1997）「ブランドと広告コミュニケーション」青木幸弘・小川孔輔・亀井昭宏・田中洋編『最新ブランド・マネジメント体系―理論から広告戦略まで』日経広告研究所，73-86頁.
亀井昭宏（2009）「マーケティング・コミュニケーションの本質と構成領域」亀井昭宏・ルディー和子編『新マーケティング・コミュニケーション戦略論』日経広告研究所，13-25頁.
亀井昭宏（2011）「東日本大震災とと公共広告―災害時における広告の役割と消費者へもたらした影響と反応」『商学研究科紀要』73号，1-14頁.
韓国広告主協会（2007）「広告モデル料」『KAA ジャーナル』１・２月号，18-19頁.
キャラクター・データバンク（2016）『CharaBizDATA 2016⑮』キャラクター・データバンク.
桑嶋健一（2005）「アプローチの仕方：ケース研究」藤本隆宏・高橋伸夫・新宅純二朗・阿部誠・粕谷誠『リサーチ・マインド　経営学研究法』（39-44頁）有斐閣アルマ.
小泉秀昭（1999）「有名人広告の戦略的考察：『情報源効果』と『意味移転』のコミュニケーション・モデル」『日経広告研究所報』187号，40-45頁.
小泉秀昭（2002）「キャラクター」恩蔵直人・亀井昭宏編『ブランド要素の戦略論理』（81-101頁）早稲田大学出版部.
小嶋外弘（1993）「広告におけるイメージとシンボル」小嶋外弘・林英夫・小林貞夫編『広告の心理学』（67-92頁）日経広告研究所.
小玉美意子（2011）「広告批評― AC ジャパンの公共広告」『放送レポート』230号，大月書店.
小林哲郎（2008）「広告と対人コミュニケーションが作り出す情報環境」宮田加久子・池田謙一編著『ネットが変える消費者行動―クチコミの影響力の実証分析』（18-46頁）NTT 出版.
佐藤達郎（2015）『「これからの広告」の教科書』かんき出版.
佐藤達郎（2017）「マイクロインフルエンサー活用マーケティングという新傾向― WOMMA サミット2017の報告から」『日経広告研究所報』295号，60-67頁.
CM 総合研究所（2011）「東日本大震災とテレビ CM ②―その後の CM オンエア概要と震災対応 CM」『CM INDEX』2011年５月号，19-25頁.
CM 総合研究所（2017a）『CM INDEX』2017年７月号.
CM 総合研究所（2017b）「2016年度 CM タレント好感度ランキング」資料.
嶋村和恵（2017）「表現計画」岸志津江・田中洋『現代広告論（第３版）』（209-230頁）有斐閣アルマ.
高橋雅延（2008）『認知と感情の心理学』岩波書店.
武井寿（1988）『現代マーケティング・コミュニケーション―基礎理論的研究』白桃書房.
武井寿（1997）『解釈的マーケティング研究―マーケティングにおける「意味」の基礎理論的研究』白桃書房.
武井寿（2015）『意味解釈のマーケティング―人間の学としての探究』白桃書房.
田路則子（2002）「クチコミ伝播のプロセスとジレンマ」『マーケティングジャーナル』22

(1), 30-42頁.
日経広告研究所 (2017)『有力企業の広告宣伝費2017年度版』日経広告研究所.
日本経済新聞社 (2017)『日経業界地図2018年版』日本経済新聞出版社.
野澤智行 (2000)「タレント・キャラクターがテレビCM認知および評価に及ぼす影響」『広告科学』40号, 93-99頁.
野澤智行 (2016)「キャラクターマネジメント論」デジタルハリウッド大学大学院講義資料.
野澤智行 (2017)「仮説検証―ふなっしー」岩崎達也・小川孔輔編著『メディアの循環「伝えるメカニズム」(法政大学イノベーション・マネジメント研究センター叢書14)』(67-75頁) 生産性出版.
野澤智行・朴正洙 (2014)「ご当地キャラの定義・分類と支持要因に関する実証研究」『日経広告研究所報』277号, 10-17頁.
朴正洙 (2009a)「広告コミュニケーションにおける有名人広告の効果と課題」『産業経営』44号, 21-37頁.
朴正洙 (2009b)「ダイレクトマーケティング・コミュニケーションにおける有名人広告の効果に関する実証研究」『Direct Marketing Review』Vol.8, 17-37頁.
朴正洙 (2009c)「ブランド・コミュニケーションにおける意味移転モデルに関する実証研究」『商学研究科紀要』69号, 201-217頁.
朴正洙 (2011)「クリエイティブ戦略における有名人および非有名人起用の効果」『日経広告研究所報』259号, 39-46頁.
朴正洙 (2012)『消費者行動の多国間分析―原産国イメージとブランド戦略』千倉書房.
朴正洙 (2014)「ブランド・コミュニケーションにおける有名人の重複出演実態と効果」『日経広告研究所報』274号, 16-23頁.
朴正洙 (2017)「デジタル時代のマーケティング・コミュニケーション―進化プロセスから考察した課題抽出」『日経広告研究所報』293号, 30-37頁.
朴正洙・亀井昭宏 (2012)「東日本大震災と公共広告」『日経広告研究所報』261号, 9-16頁.
朴正洙・野澤智行 (2013)「マーケティング・コミュニケーションにおけるキャラクターの活用実態と効果」『日経広告研究所報』268号, 18-25頁.
長谷正人 (2009)「メディアというコミュケーション」長谷正人・奥村隆編『コミュニケーションの社会学』(129-147頁) 有斐閣アルマ.
長谷川倫子 (2016)「パーソナル・コミュケーションとマス・メディア」春原明彦・武市英雄編『ゼミナール日本のマス・メディア (第3版)』(161-173頁) 日本評論社.
濱岡豊 (1994)「クチコミの発生と影響のメカニズム」『消費者行動研究』2号(1), 29-74頁.
林春男 (1987)「社会的勢力とリーダーシップ」斎藤勇編著『対人社会心理学重要研究集Ⅰ―社会的勢力と集団組織の心理』(1-58頁) 誠信書房.
ビデオリサーチ (2011)「震災によるCM放送への影響」『Video Research Digest』2011年5・6月号, 1-7頁.
深田博己編 (2002)『説得心理学ハンドブック―説得コミュニケーション研究の最前線』北大路書房.

藤本隆宏（2005）「実証研究の方法論」藤本隆宏・高橋伸夫・新宅純二朗・阿部誠・粕谷誠『リサーチ・マインド　経営学研究法』（2-36頁）有斐閣アルマ.

藤本隆宏・高橋伸夫・新宅純二郎・阿部誠・粕谷誠（2005）『リサーチ・マインド　経営学研究法』有斐閣アルマ.

プラート・カロラス（2000）「テレビ広告の日本的特質—有名人起用に関する比較文化的考察」高嶋克義編著『日本型マーケティング』千倉書房，97-114頁.

古畑和孝編（1994）『社会心理学小辞典』有斐閣小辞典シリーズ.

宮田加久子（2008）「ネット時代の消費者をめぐるコミュニケーション」宮田加久子・池田謙一編著『ネットが変える消費者行動—クチコミの影響力の実証分析』（1-17頁）NTT 出版.

師岡淳也（2011）「レトリック研究の源流」日本コミュニケーション学会編『現代日本のコミュニケーション研究—日本コミュニケーション学の足跡と展望』（190-202頁），三修社.

鷲巣力（2003）『自動販売機の文化史』集英社新書.

【ウェブサイト】

American Marketing Association（2017），“About AMA”（https://www.ama.org/AboutAMA/Pages/About.aspx：最終アクセス2017年10月４日）

eMarketer（2016），“Growth in Time Spent with Media Is Slowing”（https://www.emarketer.com/Article/Growth-Time-Spent-with-Media-Slowing/1014042：最終アクセス2017年４月12日）

Forbes（2017），“The World’s Highest-Paid Celebrities”（https://www.forbes.com/celebrities/list/：最終アクセス2017年12月１日）

Maglio, T.（2016），“Here’s Donald Trump’s Horrible Q Score”（http://www.thewrap.com/heres-donald-trumps-horrible-q-score/：最終アクセス2017年12月１日）

meyou（2017）「Twitter 日本フォロワー数総合ランキング1-50位」（http://meyou.jp/ranking/follower_allcat：最終アクセス2017年12月１日）

エステー（2011）「“みんな”の力で作ったCM～Takanori. Miguel. Revolution～「消臭力」の新CM“夢の共演”篇を制作　2011年７月25日（月）から順次全国でオンエア開始」（http://www.st-c.co.jp/release/2011/20110722_000311.html：最終アクセス2017年12月１日）

カンター・ジャパン（2013）「テレビ広告には有名人—日本の広告に見られる傾向と海外の違い」（http://kantar.jp/whatsnew/2013/11/kantarjapan_pr_1127.html：最終アクセス2017年12月１日）

サントリーホールディングス（2016）「サントリーグループ企業情報」（https://www.suntory.co.jp/company/overview/：最終アクセス2017年12月20日）

総務省（2011）「我が国の情報通信市場の実態と情報流通量の計量に関する調査研究成果」（http://www.soumu.go.jp/main_content/000124276.pdf：最終アクセス2017年４月12日）

電通（2017）「日本の広告費」（http://www.dentsu.co.jp/knowledge/ad_cost/：最終アクセス2017年４月12日）

ニールセン（2015）「広告信頼度　グローバル調査―進化するメディアにおける必勝戦略」（http://www.nielsen.com/content/dam/nielsenglobal/jp/docs/report/2015/JP_Global%20Trust%20in%20Advertising%20Report%20-%20September%202015.pdf：最終アクセス2017年4月12日）

博報堂DYメディアパートナーズ（2017）「『メディア定点調査2017』時系列分析」より（http://mekanken.com/cms/wp-content/uploads/2017/06/HDYmpnews20170620-1.pdf：最終アクセス2017年12月1日）

ビデオリサーチ（2017）「タレントイメージ調査結果」（http://www.videor.co.jp/talent/woman/index.htm：最終アクセス2017年12月1日）

ロイター（2009）「ウッズ不倫騒動―スポンサー株主価値に最大120億ドルの損失」（http://jp.reuters.com/article/idJPJAPAN-13151720091230?rpc=122：最終アクセス2017年12月1日）

索　引

サ 行

タ 行

ナ 行

ハ 行

マ 行

ヤ 行

ラ 行

著者紹介

朴　正洙　博士（商学）

1970年　ソウル市生まれ　銀行・商社勤務を経て，
2001年　Sungkyunkwan 大学経営大学院修士課程修了
2005年　早稲田大学大学院商学研究科修士課程修了
2012年　同大学大学院商学研究科博士後期課程修了
2008年　早稲田大学商学学術院助手
2012年　早稲田大学商学学術院助教
2013年　関東学院大学経済学部准教授
2015年　駒澤大学グローバル・メディア・スタディーズ学部准教授，現在に至る

主要業績
『消費者行動の多国間分析―原産国イメージとブランド戦略』千倉書房，2012年（単著）
『グローバル・マーケティング・コミュニケーション』千倉書房，2016年（監訳）
『成熟消費時代の生活者起点マーケティング』千倉書房，2018年刊行予定（編著）
『現代マーケティング論［第2版］』実教出版，2018年刊行予定（共著）

▨セレブリティ・コミュニケーション戦略（せんりゃく）
―効果とリスクの実証研究

▨発行日――2018年2月26日　初版発行　〈検印省略〉

▨著　者――朴（ぱく）　正洙（じょんすう）

▨発行者――大矢栄一郎

▨発行所――株式会社　白桃書房（はくとうしょぼう）
〒101-0021　東京都千代田区外神田5-1-15
☎03-3836-4781　Ⓕ03-3836-9370　振替00100-4-20192
http://www.hakutou.co.jp/

▨印刷・製本――藤原印刷

ISBN 978-4-561-66228-0 C3063